Einkaufskosten senken im Mittelstand

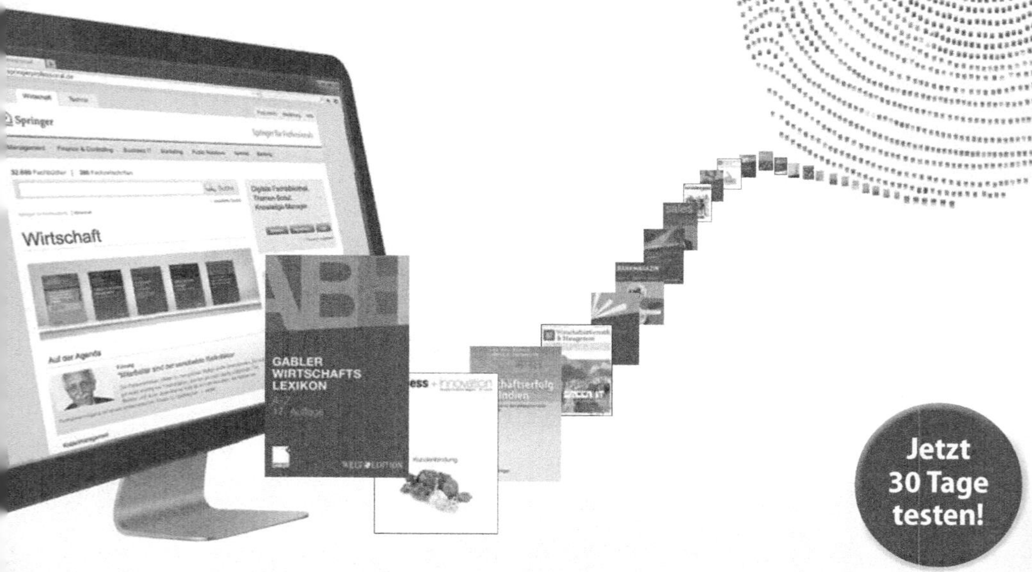

Matthias Meyer

Einkaufskosten senken im Mittelstand

Erfolgreich Gemeinkosten reduzieren und Profitabilität steigern

2., überarbeitete Auflage

Matthias Meyer
Bensheim
Deutschland

ISBN 978-3-658-06631-4   ISBN 978-3-658-06632-1 (eBook)
DOI 10.1007/978-3-658-06632-1

Die Deutsche Nationalbibliothek verzeichnet diese Publikation in der Deutschen Nationalbibliografie; detaillierte bibliografische Daten sind im Internet über http://dnb.d-nb.de abrufbar.

Springer Gabler
© Springer Fachmedien Wiesbaden 2007, 2015
Das Werk einschließlich aller seiner Teile ist urheberrechtlich geschützt. Jede Verwertung, die nicht ausdrücklich vom Urheberrechtsgesetz zugelassen ist, bedarf der vorherigen Zustimmung des Verlags. Das gilt insbesondere für Vervielfältigungen, Bearbeitungen, Übersetzungen, Mikroverfilmungen und die Einspeicherung und Verarbeitung in elektronischen Systemen.
Die Wiedergabe von Gebrauchsnamen, Handelsnamen, Warenbezeichnungen usw. in diesem Werk berechtigt auch ohne besondere Kennzeichnung nicht zu der Annahme, dass solche Namen im Sinne der Warenzeichen- und Markenschutz-Gesetzgebung als frei zu betrachten wären und daher von jedermann benutzt werden dürften.
Der Verlag, die Autoren und die Herausgeber gehen davon aus, dass die Angaben und Informationen in diesem Werk zum Zeitpunkt der Veröffentlichung vollständig und korrekt sind. Weder der Verlag noch die Autoren oder die Herausgeber übernehmen, ausdrücklich oder implizit, Gewähr für den Inhalt des Werkes, etwaige Fehler oder Äußerungen.

Lektorat: Manuela Eckstein

Gedruckt auf säurefreiem und chlorfrei gebleichtem Papier

Springer Fachmedien Wiesbaden ist Teil der Fachverlagsgruppe Springer Science+Business Media
(www.springer.com)

Vorwort

Bereits seit dem Jahr 2004 hat sich die Meipor Consulting Group auf Optimierungsprojekte im Bereich der Gemeinkosten spezialisiert. Hinter diesem Begriff verbergen sich die Kosten, die jedes Unternehmen ab einer bestimmten Größe im Rahmen seines laufenden Geschäftsbetriebs hat, die aber nicht zum Kerneinkauf gehören. Dazu zählen z. B. Kosten für Telekommunikation, Energie, Logistik oder auch Büromaterial.

Da die Kosten nicht den Kerneinkauf betreffen, fühlt sich in den Unternehmen häufig niemand wirklich dafür zuständig, sodass eine professionelle Optimierung selten stattfindet. Dass dieses verschenkte Potenzial bei Weitem nicht unerheblich ist, erleben wir in unserer täglichen Beratungspraxis. Denn für Kostenfelder wie Logistik, Fuhrpark oder Facility Management werden bei vielen Mittelständlern hohe sechsstellige Summen ausgegeben. Wenn man dann betrachtet, dass eine Optimierung durchschnittlich bis zu 20 % Einsparung bringt und eine einmalige Optimierung für mehrere Jahre wirksam ist, wird die Relevanz des Themas deutlich.

Neben der Tatsache, dass Sie durch eine solche Optimierung dauerhaft bares Geld sparen, werden auch Abläufe und Prozesse der einzelnen Kostenbereiche beleuchtet und optimiert. So kommen Sie zu klaren Vertrags- und Anbieterstrukturen sowie einer optimierten Anzahl an Lieferanten.

In diesem Buch wollen wir Sie ein Stück weit an unserer langjährigen Beratungserfahrung im Gemeinkostensektor teilhaben lassen. Wir liefern Ihnen wichtiges Hintergrundwissen zu den häufigsten Optimierungsfeldern und geben darüber hinaus strategische Hinweise.

Für wen ist dieses Buch?
Für die optimale Kostensenkung in einem Bereich setzten wir seit Jahren auf interdisziplinäre Teams aus Branchenexperten und kaufmännischer Kompetenz. Einerseits sind eine genaue Kenntnis und gute Kontakte innerhalb einer Branche entscheidend, andererseits spielt auch das Verhandlungsgeschick eine Rolle.

Vergleichbar ist es auch in den Unternehmen selbst. Während die kaufmännische Leitung die Projekte vorantreibt und kontrolliert, braucht sie auch die Zuarbeit der fachlich zuständigen Mitarbeiter. So kann z. B. in Telekommunikationsprojekten der IT-Fachmann im Unternehmen eine wichtige Rolle spielen.

Ideal ist es, wenn sich sowohl der kaufmännische als auch der fachliche Ansprechpartner mit dem Thema beschäftigt haben, da so das gegenseitige Verständnis in der Zusammenarbeit besser ist.

So ist das Buch aufgebaut
Das Buch beginnt mit einem kurzen allgemeinen Teil, der Sie in die Optimierung Ihrer Gemeinkosten einführt. So starten Sie mit einer ersten Bestandsaufnahme der Gemeinkostensituation in Ihrem Unternehmen in Kap. 1. In den Kap. 2 und 3 lernen Sie dann verschiedene Ansätze zur Senkung Ihrer Gemeinkosten kennen. Ab Kap. 4 geht es anschließend zu den konkreten Kostenfeldern:

- Telekommunikation (Kap. 4)
- Logistik (Kap. 5)
- Energie (Kap. 6)
- Entsorgung (Kap. 7)
- Facility Management (Kap. 8)
- Büromaterial (Kap. 9)
- Fuhrpark (Kap. 10)
- Firmenversicherungen (Kap. 11)

Um Ihnen den Überblick innerhalb des Buchs soweit wie möglich zu erleichtern, sind die Fachkapitel einheitlich strukturiert und in die folgenden Bereiche aufgeteilt:

- Markthintergrund
- Kundenrelevanz
- Ersparnispotenzial
- Wichtige Fachbegriffe der Branche
- Zusammenfassung und Fazit

In Kap. 12 beleuchten wir die strategische Vorbereitung eines Unternehmens auf einen geplanten Unternehmensverkauf, bevor Sie in Kap. 13 etwas über typische Fehler in der Beschaffung, und wie Sie diese vermeiden, lesen. Abschließend geben wir Ihnen einen praxisnahen Überblick über professionelle Kostenoptimierung (Kap. 14).

Danke

Ich möchte mich sehr herzlich bei den Experten aus unserem Netzwerk bedanken, die mir beim Schreiben mit fachlichem Know-how, nützlichen Anregungen sowie Feedback und inhaltlichem Lektorat zur Seite gestanden haben. Insbesondere sind dies: Robert Babic, Stefan Doorn, Volker Eggeling, John Nachtigall, Tilo Neumann, Stefan Trautmann, Veit Ultsch und Rainer Weber.

Gewidmet ist dieses Buch meiner Frau Britta, die mich nicht nur während dessen Entstehung immer unterstützt hat, sondern mir auch in der täglichen unternehmerischen Praxis ein großer Rückhalt ist. Außerdem möchte ich das Buch meinen beiden kleinen Töchtern Pia Helena und Elisa Sofia widmen, die mir jeden Tag zeigen, wie schön das Leben außerhalb der Geschäftswelt sein kann, wenn man nur die Augen dafür öffnet.

Inhaltsverzeichnis

1	Wie hoch ist Ihr Optimierungspotenzial?	1
2	Säulen der Kostenreduzierung	7
3	Optimierung von Konditionen	13
4	Telekommunikationsoptimierung	19
5	Logistikoptimierung	35
6	Energieoptimierung	51
7	Entsorgungsoptimierung	65
8	Facility-Management-Optimierung	75
9	Büromaterialoptimierung	95
10	Fuhrparkoptimierung	105
11	Optimierung von Firmenversicherungen	111
12	Unternehmen zum Verkauf vorbereiten	117
13	Typische Fehler in der Beschaffung	125
14	Professionelle Kostenoptimierung	131
	Sachverzeichnis	135

Der Autor

Matthias Meyer Jahrgang 1975, absolvierte sein Studium an der Johannes Gutenberg-Universität in Mainz. Bevor er die Meipor Consulting Group mit begründete, sammelte er unternehmerische Erfahrungen in den Bereichen Marketing und Telekommunikation.

Heute ist Matthias Meyer Inhaber der Meipor Consulting Group. Das Unternehmen mit Sitz in Südhessen hat sich auf die Kostenoptimierung im Gemeinkostensektor spezialisiert und arbeitet bundesweit für mittelständische und größere Unternehmen.

Matthias Meyer besitzt einen Mastertitel des Deutschen Verbandes für Neuro-Linguistisches-Programmieren und setzt seine Verhandlungskompetenz heute nicht nur für das eigene Unternehmen, sondern auch für nationale und internationale Kunden ein. Neben dem vorliegenden Werk ist er Autor des Buchs Elevator Pitching – Erfolgreich akquirieren in 30 Sekunden, das ebenfalls bei Springer Gabler erschienen ist.

Wie hoch ist Ihr Optimierungspotenzial? 1

Nehmen Sie sich zum Einstieg ein paar Minuten Zeit und beantworten Sie die folgenden Fragen. Auf der Basis Ihrer Antworten können Sie relativ schnell einschätzen, wie gut Sie Ihre Kosten bereits im Griff haben. Die Fragen beziehen sich auf den Gemeinkostensektor mit Bereichen wie Telekommunikation, Logistik, Energie, Entsorgung, Facility Management, Büromaterial, Fuhrpark und Firmenversicherungen.

Sind Ihre Verträge auf dem aktuellen Stand?
Viele Verträge im Gemeinkostensektor, die vor ein paar Jahren sehr gut waren, sind es heute aufgrund der Marktentwicklung nicht mehr. Ein gutes Beispiel dafür sind die internationalen Telekommunikationskosten. Konditionen, die vor zwei Jahren noch erstklassig waren, sind heute in der Regel nicht mehr wettbewerbsfähig. Es lohnt sich daher, bestehende Verträge regelmäßig daraufhin zu überprüfen, ob sie im Vergleich mit den aktuellen Marktkonditionen noch wettbewerbsfähig sind.

Ihre Einschätzung:

- ☑ Ja
- ☑ Teilweise, und zwar in den Bereichen …
- ☑ Teilweise, weniger in den Bereichen …
- ☑ Nein

Sind die Konditionen auf Ihren Bedarf angepasst?
Sie können sehr gute Konditionen und Rahmenverträge haben und trotzdem viel Geld verschwenden, wenn die Konditionen nicht an Ihren Bedarf angepasst sind. Wenn Sie z. B. einen Rahmenvertrag in der Logistik haben, der Top-Konditionen im Bereich der Ausgangsfrachten bietet, Sie aber hauptsächlich eingehende Frachten haben, wird er Ihnen vermutlich wenig bringen.
Ihre Einschätzung:

- Ja
- Teilweise, und zwar in den Bereichen ...
- Teilweise, weniger in den Bereichen ...
- Nein

Achten Sie auf die Zusatzkosten?
Gerade in umkämpften Märkten mit engen Margen verdienen heute viele Anbieter ihr Geld nicht mehr mit der Hauptleistung, sondern mit vielen kleinen Zusatzkosten, die nicht auf dem eigentlichen Angebot erscheinen. Das können zum Beispiel Lieferkosten oder Handling-Pauschalen sein. Machen Sie daher immer Vollkostenrechnungen beim Angebotsvergleich und fragen Sie kritisch bezüglich solcher Zusatzkosten nach.
Ihre Einschätzung:

- Ja
- Teilweise, und zwar in den Bereichen ...
- Teilweise, weniger in den Bereichen ...
- Nein

Arbeiten Sie prozessoptimiert?
Leider neigen viele Unternehmen dazu, für ein paar Cent Ersparnis unverhältnismäßig viel an Arbeitszeit zu investieren. Wenn etwa eine Sekretärin zwei Stunden lang Ordnerpreise im Internet vergleicht

und dann bei der Bestellung insgesamt einen Euro einspart, ist das einfache Geldvernichtung. Die Dame hätte mit dieser Arbeitszeit sicher produktiver für Ihr Unternehmen tätig sein können.

Ihre Einschätzung:

- Ja
- Teilweise, und zwar in den Bereichen …
- Teilweise, weniger in den Bereichen …
- Nein

Nutzen Sie gute Rahmenkonditionen?
Viele Mittelstandsfirmen glauben, gute Rahmenvereinbarungen zu haben, werden dann aber im Optimierungsprozess häufig eines Besseren belehrt. Selbst wenn Sie selbst kein großes Verhandlungsvolumen für Rahmenverträge in einem Kostenbereich haben, können Sie oft über Verbände, Gemeinschaften oder Spezialisten bessere Verträge nutzen.

Ihre Einschätzung:

- Ja
- Teilweise, und zwar in den Bereichen …
- Teilweise, weniger in den Bereichen …
- Nein

Kennen Sie Ihre Verträge?
Immer wieder erleben wir es, dass Firmen sich ihrer Vertragslaufzeiten und Kündigungsfristen nicht bewusst sind. So müssen beispielsweise viele Telekommunikationsverträge in der Regel drei Monate vor Vertragsende gekündigt werden. Andernfalls verlängern sie sich automatisch um ein Jahr und Sie sitzen länger als gewollt auf (inzwischen) teuren Verträgen.

Ihre Einschätzung:

- Ja
- Teilweise, und zwar in den Bereichen …
- Teilweise, weniger in den Bereichen …
- Nein

Werden Sie gut betreut?
Die meisten Unternehmen kaufen bei einem Anbieter nicht nur wegen der Konditionen, sondern auch wegen des persönlichen Ansprechpartners, der ihnen einen guten und zuverlässigen Service bietet. Sehr häufig ändert sich dieser gute Service, wenn der persönliche Ansprechpartner das Unternehmen verlässt und Sie als Kunden an einen Nachfolger übergibt. Prüfen Sie daher bei einem Betreuerwechsel genau, ob Sie noch den gewohnt guten Service bekommen.

Ihre Einschätzung:

- Ja
- Teilweise, und zwar in den Bereichen …
- Teilweise, weniger in den Bereichen …
- Nein

Wie oft haben Sie guten Gewissens mit einem klaren „Ja" geantwortet?

Ein- bis dreimal
Die schlechte Nachricht ist, dass Sie aktuell mit hoher Wahrscheinlichkeit eine Menge Geld verschenken. Die gute Nachricht ist, dass Sie sehr stark von diesem Buch profitieren können. Arbeiten Sie es sorgfältig durch und setzen Sie das Know-how konsequent um, dann haben Sie sicher sehr erfreuliche Ergebnisse daraus.

Vier- bis sechsmal
Sie sind bereits auf einem guten Weg, haben aber noch einiges Potenzial. Achten Sie in diesem Buch besonders auf die Themen und Bereiche, bei denen Sie mit „Teilweise" bzw. „Nein" geantwortet haben.

Siebenmal
Herzlichen Glückwunsch, Sie haben aus interner Sicht einen vorbildlichen Fokus auf Ihre Gemeinkosten. Nachhaltige Einsparungen werden Sie wohl nur noch mithilfe externer Experten erzielen.

Säulen der Kostenreduzierung 2

Bevor Sie sich näher damit beschäftigen, wie Sie in den einzelnen Segmenten Kosten sparen oder Leistungen optimieren können, lohnt sich ein Blick darauf, an welchen Kostenschrauben Sie grundsätzlich „drehen" können. Dazu gehören neben den Einkaufskonditionen auch die Prozesskosten und die Möglichkeiten des Outsourcings.

Verbesserung der Konditionen

Viele Unternehmen fokussieren sich bei Verhandlungen mit den Lieferanten auf Preis und Leistung. Es gibt jedoch noch zahlreiche andere Konditionen, die man genauer betrachten sollte und über die man verhandeln kann:

- Zahlungsbedingungen
- Lieferfristen
- Liefer- und Versandkosten
- Lagerhaltung
- Vertragslaufzeit
- Kündigungsfristen
- Flatrates

Über die einzelnen Möglichkeiten, das sogenannte „Konditionspaket" zu optimieren, lesen Sie mehr im nächsten Kapitel.

Hier geht es darum, wie Sie bessere Rahmenbedingungen erhalten. Der erste Schritt beginnt damit, dass Sie sich einen guten Marktüberblick darüber verschaffen, welche Firmen welche Konditionen anbieten. Wenn die Zahl der Unternehmen sehr groß ist und deren Angebote unübersichtlich sind, bieten sich teilweise Ausschreibungen und Besuche von entsprechenden Internetplattformen an.

Zuvor macht es Sinn zu überprüfen, ob Sie bessere Rahmenkonditionen erhalten können, weil Sie z. B. Mitglied eines Berufsverbandes sind, der günstige Rahmenkonditionen für seine Mitglieder verhandelt hat. Manchmal sollten Sie auch hinterfragen, ob es sich lohnt, Einkaufskooperationen mit anderen Unternehmen einzugehen.

Wenn Sie eine gute Übersicht über die Einkaufskonditionen der einzelnen Anbieter haben, ist es an der Zeit, mit den Anbietern, die in die engere Auswahl gekommen sind, zu verhandeln. Hier gibt es weitere interessante Einsparungsmöglichkeiten, insbesondere wenn ein neuer Lieferant ins Geschäft kommen will. Sollten Sie sich z. B. entscheiden, schon vor Vertragsende zu einem anderen Lieferanten zu wechseln, ist der neue Lieferant häufig bereit, „Ablösesummen" zu entrichten oder auf einen Teil der Gebühren im Übergangszeitraum zu verzichten. Deshalb macht es in der Regel schon vor Ende der Vertragslaufzeit Sinn, in neue Verhandlungen einzusteigen.

Prozesskostenoptimierung

Häufig wundern wir uns, wie viel Zeit Unternehmen investieren, um ihre Kosten nur um einen Bruchteil zu reduzieren. Wenn man die Kosten der Mitarbeiter der generierten Ersparnis gegenüberstellt, wird man zum Teil erschrocken sein, wie teuer solch eine Optimierung kommt. Zum Teil prüfen Mitarbeiter im Haus über mehrere Stunden, ob der Bleistift beim Lieferanten B oder C eventuell 2 Cent günstiger ist.

Wie können Sie die Prozesskosten grundsätzlich niedrig halten? Wichtig ist zu Beginn, dass Sie das Pareto-Prinzip beachten. Diese Regel besagt, dass sich viele Aufgaben mit einem Mitteleinsatz von circa 20 % zu 80 % erledigen lassen. Bekannt ist das Pareto-Prinzip aus dem Verkauf: Die meisten Unternehmen machen mit 20 % ihrer Kunden 80 % ihres Umsatzes.

Dieses Pareto-Prinzip funktioniert aber nicht nur im Verkauf, sondern auch im Einkauf. Wenn es Ihnen gelingt herauszufinden, welche 20 % Ihres Einkaufbedarfs 80 % Ihrer Kosten verursachen, wissen Sie auch, wo es sich auf jeden Fall lohnt, den Hebel anzusetzen. Wir nutzen diesen Ansatz für unsere Kunden z. B. bei der Optimierung der Büromaterialkosten. Für die 20 % der Produkte, die 80 % ihrer Kosten verursachen, beschaffen wir unseren Kunden individuelle Sonderpreise. Im Ergebnis haben unsere Kunden mit kleinem Aufwand dadurch eine hohe Ersparnis generiert und verursachen gleichzeitig intern keine hohen Prozesskosten. In solchen Fällen kann es sogar sinnvoll sein, nur einen Lieferanten zu beauftragen. Sie haben allerdings noch weitere Möglichkeiten, die Prozesskosten deutlich zu senken bzw. niedrig zu halten. Sehr gut ist es zum Beispiel, wenn Sie beim Lieferanten einen zentralen Ansprechpartner haben, der alle Fragen und Probleme lösen kann, ohne an Kollegen zu verweisen. Weiterhin hilft Ihnen das Internet, insbesondere die Bestellkosten zu reduzieren. Fast jeder Anbieter bietet mittlerweile die Möglichkeit an, per Internetshop zu bestellen. Dabei können Sie als Entscheidungsträger wählen, ob und in welcher Höhe die Mitarbeiter direkt bestellen dürfen. In manchen Unternehmen macht es auch Sinn, ein „Vier-Augen-Prinzip" einzuführen. In diesem Fall muss der Entscheidungsträger die Bestellungen freigeben bzw. erhält nach einer Bestellung ebenfalls eine Bestätigungsmail.

Outsourcing

Im Rahmen der Firmenstrategie überlegen immer mehr Firmen, Teilbereiche des Unternehmens, die nicht zur Kernkompetenz gehören, auszulagern. Schließlich kann jede Firma nur (in Abhängigkeit von der Unternehmensgröße) in einer beschränkten Anzahl von Leistungen in hohem Maße kompetent und kostengünstig sein. Vorausgesetzt, es gibt einen oder mehrere geeignete Anbieter am Markt, kann Outsourcing somit einem Unternehmen helfen, sich auf die eigenen Stärken zu konzentrieren und die ungeliebten Randbereiche in kompetente Hände zu vergeben. Welche Optimierungsziele können Sie mit Outsourcing realisieren, welche Vorteile sind damit verbunden und auf welche Risiken müssen Sie bei Outsourcing achten?

Ziele
- **Das Kostenziel:** Ein externer Dienstleister kann durch Spezialisierungsvorteile Kostendegressionseffekte erzielen, was zu einem unter den eigenen Produktionskosten liegenden Einstandspreis führt. Zudem werden die Kosten transparenter und die Prozesskosten können gesenkt werden.
- **Das Leistungsziel:** Die Zuverlässigkeit des Lieferanten muss mindestens der eigenen entsprechen, sollte in der Regel aber sogar besser sein. Ein guter Outsourcing-Partner bietet eine verbesserte Leistung und entwickelt die Prozesse des Kunden durch das eigene Know-how weiter. Das Risiko logistischer Störungen muss dabei weitestgehend ausgeschlossen sein.
- **Das Flexibilitätsziel:** Im Gegensatz zu eigenen Mitarbeitern bietet eine Outsourcing-Lösung die Möglichkeit, eine kurzfristige Einstellung auf temporäre Geschäftsschwankungen vorzunehmen. Speziell bei wachsenden Unternehmen bietet sie eine Planungssicherheit durch die Möglichkeit der Skalierung.

Vorteile
- **Zeit:** Durch das Verlagern auf einen externen Spezialisten werden die Mitarbeiter zeitlich entlastet. Dadurch besteht mehr Kapazität für die eigenen Kernkompetenzen.
- **Qualität:** Ein Outsourcing-Partner ist in der Regel auf die angebotene Leistung spezialisiert. Das bedeutet, er hat ein deutlich größeres Know-how (auch was Innovationen angeht), mehr Erfahrung und besser eingespielte Prozesse als das eigene Unternehmen. Das sorgt für Effektivität und Qualität.
- **Flexibilität:** Im Gegensatz zu den eigenen Mitarbeitern ist ein Outsourcing-Partner relativ flexibel. Entsprechend dem eigenen Bedarf kann er kurzfristig seine Leistung nach oben oder unten anpassen (z. B. bei saisonalen Schwankungen). Zudem ist die Leistung auch bei Wachstum skalierbar und kalkulierbar.
- **Kosten:** Ein Spezialist arbeitet effizient und kostengünstig. Durch die Masse an Kunden kann der Outsourcing-Partner zudem häufig Einkaufsvorteile erzielen. Diese Vorteile werden zumindest teilweise an das outsourcende Unternehmen weitergegeben.
- **Risikoübernahme:** Im Gegensatz zu den eigenen Mitarbeitern haftet ein Outsourcing-Dienstleister für Fehler, die er macht. Für das eigene Unternehmen bedeutet Outsourcing also auch (zumindest teilweise) das Abwälzen des Geschäftsrisikos.

Risiken
- **Das Know-how-Verlustproblem:** Das bisher entwickelte Problemlösungspotenzial in dem zum Outsourcing anstehenden Bereich steht nicht mehr unmittelbar zur Verfügung.
- **Das Steuerungsproblem:** Aufgrund der Anordnungsmacht sind Prozesse im eigenen Unternehmen besser steuerbar. Abstimmungsprozesse mit dem Dienstleister müssen hingegen erst eingespielt werden.

- **Das Kontrollproblem:** Die Anzahl der Schnittstellen wächst. Die bisher mögliche Tür-zu-Tür-Abstimmung entfällt.
- **Das Synergieproblem:** Es ist nicht immer einfach, eine Leistung, die man outsourct, eindeutig und sinnvoll von anderen im Unternehmen verbleibenden Leistungen abzugrenzen.

Optimierung von Konditionen 3

In diesem Kapitel erfahren Sie, an welchen Stellschrauben Sie drehen können, um Ihr persönliches „Konditionspaket" zusammenzustellen.

Mengenrabatt und Rahmenkonditionen

Vereinbaren Sie einen zukünftigen Mengenrabatt, wenn Sie innerhalb eines festgelegten Zeitraums, z. B. eines Jahres, bestimmte Bestellmengen überschreiten. Sollten Sie in der Vergangenheit schon mehr bestellt haben als vereinbart, dann rechnen Sie die Mengenrabatte in die neuen Konditionen ein. Sollten Sie schon seit mehreren Jahren Stammkunde sein, dann verlangen Sie einen kumulierten Rabatt.

Interessant ist es, wenn man günstige Rahmenkonditionen eines Verbandes nutzen kann. Achten Sie aber bitte darauf, dass günstige Rahmenkonditionen nicht unbedingt auch günstige Einkaufskosten bedeuten müssen. Wir stellen immer wieder fest, dass wir trotz guter Rahmenkonditionen des Kunden die Einkaufskosten noch deutlich reduzieren können, weil die Bedarfsanpassung nicht optimiert ist.

Es gibt noch eine andere Klippe. In einem Fall haben wir Einkaufskonditionen eines Kunden überprüft und uns gewundert, dass sich seine Konditionen in Einkaufssegmenten verschlechtert haben, in denen Preissenkungen an der Tagesordnung sind. Als wir die Situation näher untersuchten, stellte sich heraus, dass der Kunde einen Rahmenvertrag eines Verbandes genutzt hatte, der im Laufe der Zeit „heruntergestuft" wurde. Wie kann das passieren? Meist muss ein Verband eine Vorschau abgeben, wie viele Verträge in einem Jahr über die Mitglieder abgeschlossen werden. Wenn diese Planzahlen nicht erreicht werden, kann eine Herabstufung erfolgen.

Verwenden Sie deshalb Rahmenverträge von Partnern und Einkaufsgemeinschaften, die seit Jahren kontinuierlich wachsende Mitgliedszahlen vorweisen können. Zum einen sind damit langfristige Herabstufungen unwahrscheinlich, und zum anderen erhalten diese Verbände meist deutlich bessere Konditionen als Verbände, die sich erst noch „beweisen müssen".

Festpreisvereinbarungen und Zahlungsbedingungen

Gerade bei Dienstleistungen kann es vorkommen, dass die Kosten deutlich höher sind als ursprünglich im Kostenvoranschlag kalkuliert, weil die Kosten nach Aufwand besprochen wurden. Vereinbaren Sie deshalb Festpreise, wenn der Risikoaufschlag vertretbar ist. Wenn dies nicht möglich oder wirtschaftlich nicht sinnvoll ist, vereinbaren Sie intern und extern Kostenbegrenzungsmaßnahmen und sprechen Sie zumindest über eine Kostendeckelung.

In den meisten Fällen geben die Lieferanten 2 % Skonto, wenn die Kunden innerhalb von acht bis zehn Tagen bezahlen. Doch auch diese Konditionen können verhandelt werden, indem Sie den Prozentsatz erhöhen oder die Zahlungsfrist verlängern.

Prüfen Sie genau, ob Sie die Bedingungen auch erfüllen können. In einigen Unternehmen beträgt der Rechnungslauf intern 14 Tage oder mehr. Achten Sie beispielsweise darauf, dass die Rechnungen direkt dem Entscheidungsträger zugeschickt werden, um die Zahlungsfrist einhalten zu können.

Versandkosten und Lieferzeiten

Sie haben häufig die Möglichkeit, Lieferung frei Haus ohne Mindestbestellmenge zu vereinbaren. Das macht Sinn, wenn dezentral im Unternehmen bestellt wird, um die Prozesskosten möglichst niedrig zu halten. Bei der dezentralen Bestellorganisation sollten Sie allerdings sicherstellen, dass der kaufmännische Entscheider eine Bestellbestätigung in Kopie erhält, um zeitnah einen Überblick zu haben und bei Bedarf eingreifen zu können.

Wenn es sich um zeitkritische Lieferungen handelt, sollten feste Termine (für Bestellung und Lieferung) vereinbart werden, um das Lieferrisiko auf den Lieferanten abzuwälzen. Gerade wenn die Lieferung an Dritte geht, wird dadurch auch der Aufwand für Handling und Verpackung auf den Lieferanten verlagert.

Lagerhaltung und Kündigungsfristen

Bei manchen Produkten macht es Sinn, größere Loseinheiten zu bestellen, die Produkte dann aber beim Händler zu lagern. Das ist besonders dann interessant, wenn man selbst kein großes Lager hat oder es sich um lagersensible Produkte handelt. Papier muss z. B. bei der richtigen Temperatur und Luftfeuchtigkeit gelagert werden, um die Konsistenz nicht zu verschlechtern.

Viele Anbieter wollen ihre Kunden langfristig an sich binden, um sich Umsätze auf Dauer zu sichern. Je nach Entwicklung von Markt und Preisen sollten Sie im Einzelfall entscheiden, welche Vertragsbindungsfrist am günstigsten ist. In einem Markt, der von sinkenden Preisen geprägt ist, sind kurze Vertragslaufzeiten ein Vorteil für Sie. Wenn Sie hingegen einen volatilen oder steigenden Markt haben und auf sichere Einkaufskonditionen angewiesen sind, ist ein langfristiger Vertrag in Ihrem Interesse.

Kontinuierliche Angebotsvergleiche

Selbst wenn Sie vertraglich noch an einen Lieferanten gebunden sind, sollten Sie regelmäßig Angebotsvergleiche vornehmen. Wenn andere Lieferanten günstigere Konditionen anbieten, konfrontieren Sie Ihren jetzigen und potenziell zukünftigen Lieferanten mit der Situation. Es gibt die Chance, dass der bisherige Lieferant nachträglich Preisnachlässe gewährt oder ab sofort einen neuen Vertrag mit besseren Konditionen anbietet. Auf der anderen Seite kann der potenziell neue Lieferant bereit sein, eine „Ablösesumme" zu zahlen, um sofort in eine Lieferantenbeziehung einzusteigen.

Neben den Einkaufskonditionen sollten Sie überprüfen, ob Sie zusätzlich durch andere Maßnahmen Ihre Einkaufskosten reduzieren können. Nutzen Sie noch die richtigen Tarife oder sollten Sie wegen eines veränderten Nutzungsverhaltens Ihrer Mitarbeiter oder wegen neuer Tarife des Anbieters einen Wechsel vornehmen? Eventuell gibt es Lizenzen oder Verträge, die Sie nicht mehr nutzen und außerordentlich kündigen oder an einen Dritten übertragen können.

Nachträgliche Preiserhöhungen abwehren

Wenn es eine kurzfristige Kündigungsfrist beim Lieferantenvertrag gibt oder der Vertrag gerade ausläuft, kann es passieren, dass der Lieferant eine Preiserhöhung durchsetzen will. In dieser Situation sollten Sie zuerst prüfen, ob es einen anderen vergleichbaren Lieferanten gibt, der bessere Preise anbietet. Dieser kann dann entweder als Verhandlungsargument mit dem bestehenden Lieferanten oder sogar als ernsthafte Option dienen. Wenn dies nicht der Fall ist, sollten Sie gerade bei langfristigen Lieferbeziehungen auf eine faire, moderate Preiserhöhung hinarbeiten.

Selbst wenn der Lieferant keine Preiserhöhung einfordert, können auch gleichbleibende Konditionen nicht zufriedenstellend sein, wenn die Marktpreise gesunken sind. Beachten Sie deshalb immer die relative Preisentwicklung.

Achten Sie grundsätzlich darauf, dass Sie von einem Lieferanten nicht zu sehr abhängig werden. Es kann immer einmal ein Lieferant ausfallen und dann sollten Sie nicht in Schwierigkeiten geraten. Um dies zu vermeiden, ist es wichtig, regelmäßig die wirtschaftliche Situation Ihres Lieferanten zu überprüfen.

Telekommunikationsoptimierung 4

Die Telekommunikationsbranche hat in den letzten 20 Jahren einen starken Wandel hinter sich. Gab es im Jahr 1994 nur die Deutsche Post (später Deutsche Telekom) als Monopolist für die telefonische Kommunikation, kann der Kunde heute zwischen einer Vielzahl von Anbietern und Lösungen wählen. Zudem tritt die Festnetztelefonie im Unternehmensumfeld zunehmend in den Hintergrund und wird durch Mobilfunk, E-Mail-Kommunikation und weitere Lösungen ersetzt. Heute existieren als klassische Bereiche, die unter dem Gesichtspunkt der Kostenoptimierung betrachtet werden, die folgenden Kostenfelder:

- Festnetztelefonie
- Mobilfunk
- Datenleitungen

Darüber hinaus schreitet die Verschmelzung von Kommunikation und IT immer weiter voran und liefert neben der reinen Kostensenkung zusätzliche Möglichkeiten für Unternehmen, um Prozess- und Reisekosten zu optimieren und eine höhere Flexibilität im Finanzierungsbereich zu bekommen. Als Beispiele seien an dieser Stelle die verfügbaren Videokonferenzlösungen sowie die Möglichkeit des IT-Leasings genannt.

Festnetz

Markthintergrund

Seit der Liberalisierung des Telekommunikationsmarktes im Jahr 1996 sind die Kosten für Festnetztelefonie kontinuierlich gefallen. In vielen Bereichen werden heute Flatrates angeboten und die klassische Festnetztelefonie stellt für die meisten Geschäftskunden heute keine bedeutende Kostengröße mehr dar. Schaut man sich nach den bewegten Jahren der Branche zu Beginn des Jahrtausends den heutigen Anbietermarkt an, so verbleiben drei Gruppen von Marktteilnehmern mit unterschiedlichem Fokus.

Deutsche Telekom

Die Deutsche Telekom nimmt als ehemaliger Monopolist im Markt nach wie vor eine Sonderstellung ein. Diese resultiert daraus, dass die Telekom mit ihrer eigenen Infrastruktur nahezu eine bundesweite Verfügbarkeit aus eigener Kraft darstellen kann, während die anderen Marktteilnehmer dies nicht flächendeckend können und dann bei der Telekom zumindest die „letzte Meile" einkaufen müssen. Während die Telekom preislich inzwischen auf einem attraktiven Niveau angekommen ist, lässt sich an einigen Stellen noch eine gewisse Schwerfälligkeit aus alten Monopolistenzeiten erkennen. Diese Schwerfälligkeit gilt aber auch für andere Anbieter mit Konzernstrukturen.

Komplettanbieter

Neben der Deutschen Telekom gibt es in Deutschland mit Vodafone und Telefónica O2 zwei weitere Anbieter, die neben dem Festnetz auch ein eigenes Mobilfunknetz anbieten und ihre Kunden damit aus einer Hand in Sachen Telekommunikation bedienen können. Während Vodafone die Strategie des Komplettanbieters offen propagiert, scheint Telefónica O2 vor allem auf den Mobilfunkbereich zu setzen. Diese Strategie wird auch durch die aktuelle Übernahme von E-Plus bestätigt.

Nischenanbieter
Alle anderen Marktteilnehmer verfügen nur in Teilbereichen über eine eigene Infrastruktur und haben kein eigenes Mobilfunknetz. Zwar werden hier neben Nischen- auch Komplettlösungen angeboten, aber die Anbieter kaufen dafür Ressourcen bei den Komplettanbietern am Markt ein und schnüren eigene Servicepakete daraus. Interessant sind die Aktivitäten der Kabelnetzbetreiber, die ursprünglich über die Privatkundenschiene kommen, sich aber zunehmend im Geschäftskundensegment etablieren. Eine hohe Bandbreite zu günstigen Konditionen lassen sie als ernsthafte Alternative erscheinen.

Ersparnispotenzial
Lässt man wenige Ausnahmen, wie z. B. große Callcenter, unberücksichtigt, stellen die Festnetzkosten für die meisten Unternehmen keine wesentliche Ausgabenposition mehr dar. Auch scheint die preisliche Abwärtspreisspirale der vergangenen Jahre an einer Grenze angekommen zu sein, sodass heute in vielen Fällen nur noch ein Einsparpotenzial von 10 bis 20 % gegeben ist.

Im Folgenden wollen wir ein Praxisbeispiel zeigen, bei dem sich die Festnetzoptimierung spürbar lohnend für den Kunden darstellte – vor allem, weil neben der reinen Kostenersparnis auch eine Prozessoptimierung zur Anforderung zählte:

> **Beispiel**
> **Kunde:** Bäckereikette mit einem bundesweiten Netz von Filialen.
> **Aufgabe:** Der Kunde wünschte eine Optimierung seiner Festnetzverträge. Neben einer Kostenreduktion war auch eine Vereinfachung seiner administrativen Prozesse zur Abrechnung seiner Filialen Teil der Aufgabenstellung.
> **Ergebnis:** Wir konnten dem Kunden eine Lösung präsentieren, die über 90 % seines bisherigen Administrationsaufwands zur Abrechnung seiner Filialen überflüssig machte. Zudem enthielt das Angebot eine Kostenreduktion von rund 15 %.

Ersparnis: Neben der Prozesskostenersparnis beinhaltete das Angebot auch eine jährliche Ersparnis von über 27.000 € für den Kunden.

Generell kann man sagen, dass es zwar hin und wieder Projekte gibt, bei denen auch im Festnetzbereich echte Vorteile für den Kunden zu erzielen sind – diese sind aber nicht mehr allzu häufig.

Deshalb gilt als Faustregel für diesen Bereich: Wenn eine Einsparung beim bestehenden Anbieter machbar ist, sollte der Kunde die Ersparnis gerne mitnehmen. Ein Wechsel zu einem anderen Anbieter ist hingegen oft nur dann noch sinnvoll, wenn damit eine Gesamtkommunikationsstrategie einhergeht. Andernfalls übersteigt der Wechselaufwand das zu erwartende Ergebnis.

Mobilfunk

Markthintergrund

Die Nutzung von Mobilfunkangeboten im Geschäftskundensegment hat sich in den letzten Jahren deutlich gewandelt. Ging es früher überwiegend um mobile Telefonie, steht heute die mobile Datenkommunikation klar im Fokus. Während SMS-Dienste deutlich an Bedeutung verloren haben, sind die Datenverfügbarkeit und der Datendurchsatz inzwischen fast wichtiger als die Sprachtelefonie. Abzulesen ist dieser Trend an einem drastisch erhöhten Datenvolumen[1], das selbst die Netzbetreiber teilweise vor Probleme stellt. Hinzu kommt eine verstärkte Nutzung von Hotspots, die von Anbietern wie der Deutschen Telekom bundesweit angeboten werden.

---

[1] Nähere Informationen zur Entwicklung des Datenvolumens finden sich z. B. unter folgendem Link: http://www.cisco.com/c/en/us/solutions/collateral/service-provider/visual-networking-index-vni/white_paper_c11-520862.html (Zugriffsdatum: 01.03.2015).

Ein weiterer Trend ist die Zunahme von Konvergenzlösungen im Rahmen der sogenannten Fixed Mobile Integration. Dabei werden Sprache und Daten im Festnetz- und Mobilfunkbereich zunehmend als einheitliches System gesehen, das auch die TK-Anlage einbindet. Zu diesem Trend tragen sicherlich die weit entwickelten Möglichkeiten der mobilen Hardware bei, die über Apps große Teile der TK-Anlagenfunktionalität auf dem modernen Smartphone abbilden können. Als wesentlicher Hardwarefaktor für den Geschäftskundenmarkt ist neben Android und Apple nach wie vor Blackberry zu nennen.

Auf Anbieterseite sind für den Businessbereich im Wesentlichen die Deutsche Telekom, Vodafone und Telefónica O2 zu nennen, die nach der Übernahme von E-Plus zum Provider mit den meisten Nutzern in Deutschland aufsteigen wird. Der Trend geht bei allen Providern zu nationalen und zunehmend auch europäischen Flatrate-Angeboten, die von Kundenseite stark nachgefragt werden. Hinzu kommen Nischenanbieter wie der Virtuelle Serviceprovider (VSP) Truphone, der gerade für Kunden mit weltweiter Reisetätigkeit interessante Angebote bereithält.

Fixed Mobile Integration (FMI)[1]
Die Fixed Mobile Integration (FMI) steht für die Konvergenz der Telekommunikationsdienste von Festnetz und Mobilfunknetz. FMI kann als Funktion der Netzkonvergenz, Fixed Mobile Convergence (FMC), von Fest- und Mobilfunknetzen durch die Nutzung gleicher Vermittlungsstellen und Übertragungsstrecken im Kernnetz sowie die Vermittlungsfunktionen im Zugangsnetz physikalisch integriert werden. Es geht darum,

---

[2] Quelle: http://www.itwissen.info/definition/lexikon/fixed-mobile-integration-FMI.html (Zugriffsdatum: 01.03.2015).

die Leistungsmerkmale der verschiedenen Telekommunikationsdienste in einem plattformübergreifenden Dienst zu vereinen. Dazu gehört beispielsweise die Erreichbarkeit eines Teilnehmers in Fest- und Mobilfunknetz unter einer einheitlichen Rufnummer. Fixed Mobile Integration sorgt für die Konvergenz von Festnetz- und Mobilfunkdiensten. Es geht dabei um die von verschiedenen Providern bereitgestellten Zugänge für das Festnetz und das Mobilfunknetz sowie das Accounting für die von verschiedenen Providern bereitgestellten Dienste.

Kundenrelevanz
Generell ist eine Kostenoptimierung im Mobilfunkbereich nach wie vor quer durch alle Branchen interessant. Im besonderen Maße können allerdings die Unternehmen profitieren, die stark international tätig sind, da der Markt hier in letzter Zeit den größten Sprung gemacht hat und sowohl für Sprache als auch für Daten zu günstigen und flexiblen Angeboten übergeht. Sind im europäischen Raum die etablierten Provider inzwischen mit guten internationalen Angeboten für Sprache und Daten aufgestellt, ist für Kunden mit weltweitem Einsatz insbesondere der Nischenanbieter Truphone interessant, der das Vodafone-Netz nutzt. Auf der Webseite von Truphone heißt es dazu:

> Innerhalb der Truphone-Länder können Sie Ihr Smartphone überall wie zu Hause nutzen – immer zum Lokaltarif. Wenn Sie Ihre SIM-Karte mit mehreren internationalen Rufnummern ausstatten, dann können Ihre Partner und Kunden Sie unter einer Nummer erreichen, die für deren Land eine Inlandsnummer ist. Mit Truphone World gehen Sie noch einen Schritt weiter. Diese Kontingente für Gesprächsminuten, SMS und Mobildatennutzung können Sie in 66 Ländern der Welt nutzen. Ohne SIM-Karten-Wechsel. Also – egal, ob Sie gerade in Brüssel, Peking oder Brisbane sind – schalten Sie

Ihr Smartphone oder Tablet an und arbeiten Sie damit, wie Sie es gewohnt sind.[3]

Ersparnispotenzial

Je nachdem, wie lange die Mobilfunktarife eines Unternehmens nicht mehr optimiert wurden und welche Hardwarenutzung vom Kunden angestrebt wird, liegt das Optimierungspotenzial im Normalfall zwischen 10 und 35 %. Gerade bei stark internationaler Nutzung lohnt sich in jedem Fall ein Blick auf die aktuellen Tarifwelten der Anbieter.

Das folgende Beispiel aus unserer Optimierungspraxis zeigt allerdings einen Kunden mit eher lokaler Ausrichtung.

> **Beispiel**
>
> **Kunde:** Wohnbaugesellschaft im Rhein-Main-Gebiet.
>
> **Aufgabe:** Der Kunde beauftragte uns mit der Optimierung seiner Mobilfunkkosten. Gleichzeitig sollten für die knapp 200 Verträge eine Netzoptimierung und Laufzeitharmonisierung erreicht werden.
>
> **Ergebnis:** Die Mobilfunkkosten des Kunden wurden um knapp 39 % optimiert. Verbunden damit war ein Anbieterwechsel zum Branchenprimus, den wir komplett begleiteten.
>
> **Ersparnis:** Die jährliche Ersparnis des Kunden liegt bei rund 10.800 €.

Zu beachten ist, dass die Direktvertriebe der Provider nach wie vor auf Neukundengewinnung ausgelegt sind. Zwar lässt sich auch der bestehende Anbieter in Wettbewerb setzen und so die Kosten im gewissen Umfang reduzieren, aber das optimale Kostensenkungspotenzial ist meistens mit einem Anbieterwechsel verbunden.

---

[3] Siehe http://www.truphone.com/de (Zugriffsdatum: 01.03.2015).

Eine Möglichkeit, um dauerhaft optimal aufgestellt zu sein, besteht in der Beauftragung eines Serviceanbieters für Telekommunikation. Hierbei bekommt der Kunde für eine monatliche Gebühr nahezu ein Rundum-sorglos-Paket in Sachen Telekommunikationsbetreuung. Dazu zählen z. B. die regelmäßige Rechnungskontrolle und eine Mitarbeiterbetreuung in allen Telekommunikationsfragen. Durch eine spezielle Software können diese Dienstleister auch das Nutzerverhalten von Mitarbeitern auf Knopfdruck auswerten und Optimierungsempfehlungen geben.

Datenleitungen

Markthintergrund
Während das Festnetzthema in vielen Unternehmen heute keine tragende Rolle mehr spielt, werden die Datenleitungen immer wichtiger. Trends, wie zunehmende Cloud-Lösungen und Geschäftsmodelle, die Rechenzentren einbeziehen, sorgen für eine ständig steigende Datenlast. Dem begegnen die zahlreichen Anbieter unter anderem mit einem Ausbau des Glasfasernetzes. Folgende Marktteilnehmer gilt es zu beachten:

Die Bekannten
Den meisten Kunden bekannt sind die Deutsche Telekom und Vodafone, die neben eigenen Netzen den Vorteil haben, auch weitere Telekommunikationsdienste aus einer Hand zu liefern. Dem gegenüber stehen die häufig unflexiblen Konzernstrukturen, die vielfach wenig Raum für individuelle Kundenanforderungen lassen.

Die Spezialisten
Einige Anbieter, wie z. B. Colt Technology Services, haben sich seit vielen Jahren auf den Ausbau und Betrieb eigener Glasfasernetze spezialisiert und sind in Ballungszentren sehr leistungsfähig. Schwierig wird es nur dann, wenn der Kundenstandort nicht an einer bestehenden Glasfaserleitung der Spezialisten liegt.

Die Herausforderer

Neben den großen und bekannten Namen im Markt gibt es eine ganze Reihe von kleineren Unternehmen mit einer Nischenspezialisierung und häufig überraschend guten und flexiblen Lösungen für die Kunden. Die Kunst liegt hierbei darin, diese Anbieter zu finden und für das eigene Unternehmen passend einzusetzen. Ein weiterer Herausforderer sind derzeit die Kabelnetzbetreiber wie Unitymedia. Waren sie in den vergangenen Jahren bereits als Back-up-Lösung für kleines Geld eine Alternative, nehmen sie jetzt zunehmend Kurs auf das Geschäftskundensegment und bieten hier starke Bandbreiten zu günstigen Preisen an.

Ersparnispotenzial

Der steigende Bandbreitenbedarf macht sich heute nicht nur bei innovativen Internetunternehmen bemerkbar. Er zieht sich durch die verschiedensten Branchen und betrifft z. B. auch eher klassische Branchen, die Mitarbeitern im Homeoffice Zugriff auf das eigene VPN geben wollen.

Erfreulich auf Kundenseite ist, dass dieser Markt nach wie vor von einem großen Angebot und fallenden Preisen geprägt ist. Dabei liegen die Optimierungspotenziale deutlich über 20 %, wie das folgende Beispiel zeigt:

Beispiel

Kunde: Mittelständischer Anbieter von Spezialchemikalien.

Aufgabe: Die bestehende Standleitung des Kunden sollte auf Kosten und Bandbreite überprüft und optimiert werden. Dabei kam aufgrund der örtlichen Lage des Unternehmens und persönlicher Wünsche des Kunden nur eine reduzierte Auswahl an Anbietern infrage.

Ergebnis: Wir konnten die Kosten der Standleitung um 38 % senken. Zudem konnte eine höhere Bandbreite realisiert werden.

Ersparnis: Die Kundenersparnis liegt bei rund 9300 €.

Als Faustregel gilt: Alle Verträge, die seit mehr als zwei Jahren nicht optimiert wurden, bieten ein deutliches Ersparnispotenzial. Hier macht eine Überprüfung absolut Sinn – beim bestehenden oder bei alternativen Anbietern.

Wichtige Fachbegriffe der Branche[4]

Backbone
Beim Backbone („Rückgrat") handelt es sich um im Hintergrund von Kabelnetzen arbeitende Netze mit hoher Übertragungskapazität, die für eine optimale Zuführung der Programme und Dienste sorgen.

Bandbreite
Die Bandbreite bestimmt die Menge an Daten, die Sie z. B. mit Ihrem Internetanschluss in einer bestimmten Zeit übertragen können. Beispiel: Ein DSL-Anschluss mit einer Bandbreite von 50 Mbit/s kann die Daten schneller übertragen als ein Anschluss mit 16 Mbit/s.

Bluetooth
Bluetooth ist eine Technologie, die die drahtlose Übertragung von Daten an ein anderes Gerät, z. B. ein Handy oder einen Computer ermöglicht. Ein großer Vorteil von Bluetooth ist, dass man in einem Umkreis von zehn Metern problemlos Daten übertragen kann ohne direkten Sichtkontakt zwischen den Geräten zu benötigen. Auch bei der Verbindung von Headsets mit dem Handy wird die Technologie vermehrt verwendet.

---

[4] Zur Erstellung dieser Fachbegriffsübersicht wurden unter anderem die Onlinequellen http://www.die-medienanstalten.de/service/glossar.html#c3010, http://www.handy-mc.de/handy-lexikon.html und http://www.vodafone.de/privat/hilfe-support/glossar.html herangezogen (Zugriffsdatum: Jeweils der 03.03.2015).

Cloud-Computing[5]
Cloud Computing beinhaltet Technologien und Geschäftsmodelle um IT-Ressourcen dynamisch zur Verfügung zu stellen und ihre Nutzung nach flexiblen Bezahlmodellen abzurechnen. Anstelle IT-Ressourcen, beispielsweise Server oder Anwendungen, in unternehmenseigenen Rechenzentren zu betreiben, sind diese bedarfsorientiert und flexibel in Form eines dienstleistungsbasierten Geschäftsmodells über das Internet oder ein Intranet verfügbar.

EDGE
EDGE (Enhanced Data Rates for GSM Evolution) ist kein eigenständiger Datenübertragungsstandard wie etwa UMTS, sondern stellt lediglich eine Ausbaustufe des weit verbreiteten GPRS-Standards dar. Mit EDGE lassen sich Geschwindigkeiten zwischen 150 und 200 kBit/s erzielen (zum Vergleich: UMTS 384 kBit/s und mehr). Ein wichtiger Vorteil liegt beim niedrigen Investitionsaufwand für die Netzbetreiber und der hervorragenden Empfangsqualität. Für die Nutzung benötigt man ein entsprechendes EDGE-fähiges Handy.

Fixed Mobile Convergence[6]
Fixed Mobile Convergence (FMC) ist ein Begriff aus der Telekommunikation und beschreibt das Zusammenwachsen (Konvergenz) von Fest- und Mobilfunknetzen. Hauptmerkmale von FMC sind Endgeräte-Mobilität, Dienste-Mobilität und persönliche Mobilität. Die Endgeräte-Mobilität erlaubt es dem Nutzer, sein persönliches Endgerät überallhin mitzunehmen und es dort zu benutzen, wo er sich gerade aufhält. Die Dienste-Mobilität stellt dem Nutzer ein Paket konsistenter Dienste zur Verfügung, und zwar unabhängig vom Endgerät, Zugangsnetz und dem Aufenthaltsort. Die persönliche

---

[5] Quelle: http://wirtschaftslexikon.gabler.de/Definition/cloud-computing.html (Zugriffsdatum: 03.03.2015).

[6] Quelle: http://de.wikipedia.org/wiki/Fixed_Mobile_Convergence (Zugriffsdatum: 03.03.2015).

Mobilität gewährleistet, dass der Teilnehmer überall unter einer Rufnummer erreichbar ist und umfasst auch das Roaming zwischen den verschiedenen Netzen. Sprach- als auch der Datenverkehr sind in ein Netz integriert.

Flatrate
Abrechnungsverfahren für die Nutzung von Einrichtungen oder Systeme durch monatliche Zahlung eines festgelegten Betrages, der unabhängig vom Nutzungsumfang und der Nutzungsdauer ist.

GPRS
GPRS (General Packet Radio Service) ist eine Technik, die dazu genutzt wird, Daten mit einer Geschwindigkeit von etwa 56 kbit/s von und zum Handy zu übertragen. Nahezu jedes moderne Handy verfügt über GPRS. Eine technische Weiterentwicklung von GPRS ist EDGE.

GSM
GSM (Global System for Mobile Communication) ist der am weitesten verbreitete Standard für Mobilfunknetze weltweit. Auch das deutsche D- und E-Netz basieren auf diesem Standard.

HSPA (HSDPA und HSUPA)
HSPA ist die Abkürzung für „High Speed Downlink Packet Access". Es bezeichnet ein Übertragungsverfahren von UMTS. Mit dem sogenannten Breitband-UMTS kommt eine schnelle Übertragung großer Datenmengen zwischen Basisstation und Mobilgerät zustande.

LTE (Long Term Evolution)
LTE ist die neueste Generation der Mobilfunktechnik, die gegenüber den bisherigen Systemen GSM und UMTS erheblich leistungsfähiger ist. Dadurch lassen sich breitbandige Internetanschlüsse besonders gut realisieren.

Mobiles Internet[7]
Mobiles Internet bezeichnet die Internetnutzung auf mobilen Endgeräten wie Laptops, Smartphones oder Tablets, unabhängig davon, ob sich der Nutzer über eine W-LAN-Verbindung, über UMTS (Universal Mobile Telecommunications System), GPRS (General Packet Radio Service) oder LTE (Long Term Evolution) einloggt.

Roaming
Roaming heißt übersetzt soviel wie „Umherstreifen" und steht für das Telefonieren im Ausland. Dafür benutzt man sein eigenes Handy und den heimischen Vertrag. Man schließt also keinen Zusatzvertrag für die Zeit im Ausland ab – die Abrechnung erfolgt ganz normal über den üblichen Netzbetreiber. Dank einer neuen Regelung der EU-Kommission telefoniert man in der gesamten EU zu bezahlbaren Einheitspreisen. Bis 2011 sollen die Roaming-Preise weiter sinken. Die Kosten für Gespräche und SMS außerhalb der EU können deutlich höher liegen.

UMTS (Universal Mobile Telecommunication System)
UMTS (Universal Mobile Telecommunications System) ist der Standard für ein universelles und leistungsfähiges Mobilfunk-System der 3. Generation (3G). Als Nachfolgesystem des GSM-Standards bietet UMTS deutlich höhere Datenraten.

VDSL/VDSL 2
VDSL (Very High Speed Digital Subscriber Line) ist eine verbesserte DSL-Technik, die schnellere Datenübertragungsraten über Telefonleitungen ermöglicht.

---

[7] Quelle: http://www.onlinemarketing-praxis.de/glossar/mobiles-internet (Zugriffsdatum: 03.03.2015).

VoIP (Voice over IP)
IP-Telefonie (Internet-Protokoll-Telefonie), auch Voice over IP (VoIP) genannt, bezeichnet das Telefonieren über Computer-Netzwerke. Diese sind nach Internet-Standards aufgebaut.

VPN
Ein Virtuelles Privates Netzwerk (VPN) ist ein Computernetz, das zum Transport privater Daten ein öffentliches Netzwerk nutzt. Teilnehmer eines VPN können Daten wie in einem internen LAN austauschen.

W-LAN
Ein WLAN (Wireless Local Area Network) bietet die Möglichkeit, sich mit kompatiblen Geräten an sogenannten „Hot Spots" in das Internet einzuwählen. Dies können beispielsweise Laptops, PDAs oder Handys sein. Die verfügbaren Geschwindigkeiten sind im Vergleich zu UMTS sehr viel höher (bis zu 100 Mbit/s). Im Gegensatz zu anderen mobilen Datendiensten wie z. B. HSDPA oder UMTS muss man sich in Reichweite des „Hot Spots" befinden. Die Kosten für die Internetnutzung per WLAN sind jedoch deutlich geringer.

Zusammenfassung und Fazit

Die Telekommunikationskosten stellen für viele Unternehmen heute keine primäre Kostengröße mehr dar. Insbesondere der Festnetzbereich wird zunehmend von modernen Kommunikationslösungen abgelöst. Vor diesem Hintergrund geht es bei der Telekommunikationsoptimierung heute mehr um eine gute Verfügbarkeit, schlanke Prozesse und intelligente Geschäftslösungen.

Trotzdem bietet es sich an, diese Kosten immer wieder einmal zu vergleichen, da der Aufwand hierfür vergleichsweise gering ist und die Bestandsanbieter sich erfahrungsgemäß nur dann verhandlungsbereit zeigen, wenn sie in Wettbewerb gesetzt werden. Ein besonderes Augenmerk liegt dabei auf den internationalen Mobilfunkkosten und den erweiterten Möglichkeiten im Rahmen einer Fixed Mobile Integration.

Logistikoptimierung 5

Kosten im Logistiksegment spielen im Bereich der Gemeinkosten eine Hauptrolle, was die Bedeutung für die Gesamtkosten einer Firma angeht. Insbesondere produzierende Unternehmen oder Handelsunternehmen haben in der Regel einen beträchtlichen Anteil an Logistikkosten, der nicht selten bei 3 bis 4 % des Umsatzes liegt. Im Klartext: Wenn ein produzierendes Unternehmen 10 Mio. € Umsatz macht, liegen die Logistikkosten bei 300.000 bis 400.000 € pro Jahr. Rechnet man ein, dass eine professionelle Optimierung 15 % Ersparnis und mehr bringen kann, reden wir von einem jährlichen Kosteneffekt zwischen 35.000 und 60.000 €.

Eine Besonderheit dieses Marktes ist seine Fülle von Ansätzen und seine recht komplexe Struktur. So zählen die folgenden Teilbereiche zum Kostenkomplex der beeinflussbaren Logistikkosten und jeder dieser Bereiche hat seine eigenen Spielregeln:

- Postversand- und Portoentgelte
- Kurier-, Express- und Paketdienste
- Straßentransporte
- Seefrachten
- Luftfrachten
- Verpackung und Kartonagen

Wichtig ist, nicht blind eine Logistikoptimierung zu starten, wenn man nicht sicher ist, dass ein deutliches Kostensenkungspotenzial besteht. Der eine oder andere Bestandsanbieter, der sich vielleicht zu Kampfpreisen bei Ihnen positioniert hat, wird eine Neuausschreibung ggf. als Einladung verstehen, seine Konditionen anzuheben. Wenn Sie dann kein besseres Angebot haben, können Sie schnell statt einer Kostensenkung den gegenteiligen Effekt erzielen. Zwar bekommt man in vielen Logistikbereichen eine Preisgarantie von einem Jahr geboten, aber bei einer Neuausschreibung von Ihrer Seite ist diese hinfällig.

Die gute Nachricht dabei ist, dass Sie im Rahmen einer Logistikoptimierung ebenfalls schnell reagieren können. Wenn Sie heute einen Anbieter finden, der Ihnen bessere Konditionen bei gleicher Leistung anbietet, können Sie zeitnah wechseln –, vorausgesetzt, Sie haben sich nicht vertraglich langfristig an einen Anbieter gebunden.

Im Folgenden wollen wir die einzelnen Optimierungsansätze im Logistiksegment schrittweise durcharbeiten. Sie erhalten Hintergründe zu Marktentwicklung und Dienstleistern sowie zur Relevanz für Ihr Unternehmen. Da die Optimierungspotenziale in den einzelnen Bereichen nochmals variieren, wollen wir auch hierzu einen Eindruck vermitteln und Ihnen reale Projektbeispiele vorstellen.

Postversand- und Portoentgelte

Markthintergrund[1]

In Deutschland hatte das Postmonopol, also das exklusive Recht eines Anbieters, ausschließlicher Anbieter der Beförderungsleistung zu sein, eine jahrhundertelange Tradition. Diese Parameter hatten zumindest für den Briefbereich bis zuletzt Gültigkeit, da die Deutsche Post AG als Inhaberin der Exklusivlizenz in Kernbereichen

---

[1] **Quelle**: http://de.wikipedia.org/wiki/Briefmonopol_(Deutschland)#Aktuelle_Anbieter (Zugriffsdatum: 01.03.2015).

vor Konkurrenz geschützt wurde. Die Bundesnetzagentur erteilte zwar bereits seit 1998 Lizenzen zur gewerbsmäßigen Beförderung von Briefsendungen, allerdings waren die entsprechenden Anbieter bis zum 31. Dezember 2007 dazu verpflichtet, sogenannte höherwertige Dienstleistungen zu erbringen, wie z. B. Eilzustellung am selben Tag. Dadurch ergaben sich im Vergleich zum gewöhnlichen Briefversand zusätzliche Kosten, welche es Alternativanbietern in der Regel unmöglich machten, Briefe günstiger zuzustellen als die Deutsche Post AG. Mit dem Fall des Postmonopols am 1. Januar 2008 entfiel für die Post-Wettbewerber die zwangsweise Beschränkung auf die sogenannten höherwertigen Dienstleistungen und öffnete damit die Tür für echten Wettbewerb.

Aktuell gibt es in Deutschland neben der Deutschen Post als „Platzhirsch" und Vollsortimenter folgende Anbieter:

- Dienstleister, die Sendungen bei Geschäftskunden bundesweit abholen und selbst zustellen. Kapitalgeber der alternativen Dienstleister sind u. a. große Verlagshäuser, ausländische Postgesellschaften und Logistikunternehmen.
- Dienstleister, die Sendungen bei Geschäftskunden regional abholen und selbst zustellen. Sendungen, die über die Region hinausgehen, müssen diese Dienstleister wiederum selbst an die Deutsche Post übergeben, was zu verlängerten Laufzeiten führt.
- Konsolidierungsdienstleister, welche die Briefpost bei Geschäftskunden abholen, vorsortieren und beim Postzentrum gesammelt einliefern. Die Rückvergütung, die sie dafür von der Deutschen Post bekommen, geben sie teilweise an ihre Kunden weiter.

Viele der laut Wikipedia über 1000 kleinen und mittelständischen Unternehmen sind nur in einem regional begrenzten Gebiet tätig und ihre Zustellungsqualität ist zumindest fragwürdig.

Kundenrelevanz
Während die Optimierung von Paket- oder Speditionsleistungen vor allem für produzierende Unternehmen oder Handelsunternehmen

interessant ist, profitieren von einer Postversand- und Portooptimierung besonders Firmen mit vielen Rechnungen oder offiziellen Schreiben, wie z. B. Versicherungen, Telekommunikationsdienstleister oder Energieanbieter. Ein Optimierungsprojekt lohnt sich in der Regel ab einem jährlichen Kostenvolumen von 30.000 € an Postversand- und Portoentgelten. Da die Deutsche Post ihre Briefdienstleistungen nach wie vor teilweise umsatzsteuerfrei erbringen darf und deren Wettbewerber Umsatzsteuer berechnen müssen, ist allerdings zu berücksichtigen, dass Ihr Unternehmen vorsteuerabzugsberechtigt sein sollte. Ansonsten schmälert sich das Einsparpotenzial erheblich.

Ersparnispotenzial
Bei der Optimierung von Postversand- und Portoentgelten ist aus Erfahrung eine Optimierung zwischen 15 bis 30 % der Kosten möglich. Im Folgenden finden Sie zur Veranschaulichung ein reales Projektbeispiel in diesem Bereich:

Beispiel

Kunde: Wirtschaftsprüfungsgesellschaft mit mehr als 20 nationalen Standorten.

Aufgabe: Die bisherigen Portokosten mit einem Ausgangsvolumen von 1.000.000 € netto pro Jahr sollten optimiert werden. Als Alternative zum bisherigen Anbieter Deutsche Post kamen nur bundesweit tätige Anbieter infrage und die Zustellgeschwindigkeit sollte der bisherigen entsprechen.

Ergebnis: Beim Kunden wurde eine neue Prozesssystematik in den Poststellen umgesetzt und die Portokosten wurden durch spezielle Rahmenverträge gesenkt. Der Kunde erreichte dadurch niedrigere Kosten bei verbesserten Abläufen.

Ersparnis: Rund 20 % der bisherigen Kosten oder 205.000 € netto pro Jahr.

Der Markt für Postversand- und Portoentgelte zeichnet sich durch weitgehend stabile Preise und geringe Volatilität aus. Es gibt also keinen klaren Preistrend nach oben oder nach unten. Auch sind keine starken Preisschwankungen am Markt üblich, wobei die Deutsche Post zum Jahresbeginn 2015 eine leichte Anhebung ihrer Konditionen umgesetzt hat.

Kurier-, Express- und Paketdienstleistungen

Markthintergrund
Anders als im Bereich für Postversand- und Portoentgelte ist der Markt für Kurier-, Express und Paketdienstleistungen (KEP) seit langer Zeit liberalisiert. Der B2B-Markt ist weitgehend verteilt und zwischen den etablierten Anbietern herrscht ein Verdrängungswettbewerb. Die Preise zeigen generell keine klare Richtung und der Markt reagiert bedingt sensibel auf wirtschaftliche Veränderungen. Teilweise sind die Konditionen stark von Unternehmensstrategien geprägt. Interessante Kunden werden bisweilen gekauft, d. h., sie bekommen für den Dienstleister nur bedingt wirtschaftliche Konditionen, weil dieser sich einen strategischen Vorteil (z. B. Auslastung seiner Kapazitäten) davon verspricht.

Die Marktteilnehmer selbst lassen sich in drei Segmente unterteilen:

- Klassische Paketdienstleister, die Pakete bis 31,5 kg beim Kunden abholen, sortieren und dann mittels Straßentransport zustellen.
- Kurier- und Sonderfahrten, die Ware direkt beim Kunden abholen und ohne Zwischenstopp beim Dienstleister direkt an den Zielort bringen.
- Expressdienstleister, die gegenüber klassischen Paketversendern in der Regel deutlich teurer, aber eben auch viel schneller sind.

Expressdienstleister werden vor allem bei zeitkritischen Waren eingesetzt und transportieren viele Pakete per Luftfracht.

Kundenrelevanz

Dieser Kostenkomplex ist besonders interessant für produzierende Unternehmen oder Handelsunternehmen mit einem hohen Aufkommen an Paketen. Besonders hohe Einsparungen können mittelgroße Kunden mit einem KEP-Volumen zwischen 50.000 und 500.000 € erzielen, wenn sie Zugriff auf Großkundenrahmenverträge bekommen. Spezialisierte Berater wie die Meipor Consulting Group, können ihre Kunden in diese Rahmenverträge einbinden und damit Konditionen erzielen, die der Kunde auf Basis seines eigenen Verhandlungsvolumens in der Regel nicht bekommen würde.

Ersparnispotenzial

Bei der Optimierung von Kurier-, Express- und Paketdienstleistungen ist aus Erfahrung eine Optimierung zwischen 15 bis 20% der Kosten möglich. Aber auch deutlich höhere Einsparungen sind möglich, wie das folgende Projektbeispiel zeigt:

> **Beispiel**
>
> **Kunde:** Versandhändler für Nahrungsergänzungsmittel.
>
> **Aufgabe:** Dem Kunden ging es um eine Optimierung seiner Frachtkosten im Bereich des Paket- sowie Expressversandes mit einem Ausgangsvolumen von 450.000 €. Als besondere Anforderungen hatte der Kunde eine Brückengestellung und die tägliche Abholung ab 18.00 Uhr. Außerdem sollten nur namhafte Anbieter einbezogen werden.
>
> **Ergebnis:** Es wurde eine Konsolidierung der Dienstleisterstruktur erreicht und ein neues Gewichtsabstufungsmodell in der Preismatrix etabliert. Die zusätzliche Einführung einer Transportservicematrix, Schulung der Mitarbeiter und Einbindung des Kunden in spezielle Rahmenverträge komplettierten das Ergebnis.
>
> **Ersparnis:** Rund 43% Ersparnis im Vergleich zur Ausgangsbasis oder 194.000 € netto pro Jahr.

Eine klare Richtung für steigende oder fallende Preise ist in diesem Segment nicht erkennbar. Je nach Marktlage können die Preise volatil sein. Die Konditionen hängen unter anderem an Treibstoff- und Mautkosten.

Straßentransporte

Markthintergrund
Der Markt für Straßentransporte hat sich in den letzten Jahren weitgehend analog zum Bereich Kurier-, Express und Paketdienstleistungen (KEP) entwickelt. Der wesentliche Unterschied zum KEP-Bereich liegt darin, dass hier Waren (hauptsächlich Palettenware) über 31,5 kg bis hin zu 2,5 t (Sammelstückgut) bzw. bis zu kompletten Lkw-Ladungen transportiert werden. Insgesamt ist die Speditionswelt kleiner geworden, da der harte Wettbewerb immer mehr kleine Unternehmen in Bedrängnis bringt und zu Konsolidierungen führt. Trotzdem gibt es noch sehr viele Anbieter und ein weiterer Konsolidierungsprozess ist wahrscheinlich.

Die Marktteilnehmer lassen sich wie folgt unterteilen:

- Sammelstückgut: Der Spediteur holt die Ware beim Kunden ab, sortiert diese und bringt sie zusammen mit der Ware anderer Kunden ins Zielgebiet.
- Teil- und Komplettladungen: Der Spediteur holt die Ware beim Kunden ab und bringt sie ohne Umweg direkt zur Zieladresse.

Neben den flächendeckenden Anbietern gibt es einige Zusammenschlüsse regionaler Dienstleister, wobei vier bis fünf große Netzwerke am Markt agieren. Der Rest sind kleine und kleinste Dienstleisternetzwerke.

Kundenrelevanz
Auch hier sind Industrie- und Handelsunternehmen für eine Optimierung prädestiniert –, allerdings vor allem dann, wenn sie Ware

über 31,5 kg versenden. Über diesen Transportweg werden Waren bis zu 2,5 t bzw. bis hin zu kompletten Lkw-Ladungen transportiert. Das Transportvolumen sollte mindestens 50.000 € betragen.

Ersparnispotenzial
Das Ersparnispotenzial in diesem Bereich liegt bei durchschnittlich 15 %, aber auch höhere Ersparnisse sind möglich, wie das folgende Praxisbeispiel zeigt:

> **Beispiel**
>
> **Kunde:** Druckerei für Kleinserien.
>
> **Aufgabe:** Die Aufgabe bestand in einer Optimierung der Transportkosten im Bereich des Sammelstückgutes mit einem Ausgangsvolumen von 250.000 €. Die nationale Zustellung sollte nach Voravisierung innerhalb von 24 h erfolgen und die Abholung durch einen Lkw mit Hebebühne stattfinden. Die Paletten waren teilweise nicht stapelbar und nässeempfindlich.
>
> **Ergebnis:** Nach mehreren Verhandlungsrunden konnte nicht nur eine Dienstleisterkonsolidierung mit entsprechender Einsparung realisiert werden, sondern der Kunde hatte auch eine Wahl der Dienstleister nach ihren Stärken/Schwächen bez. Transportrelationen. Zusätzlich wurde eine Transportdatenübermittlungssoftware implementiert.
>
> **Ersparnis:** Mit 25,6 % rund ein Viertel der Ausgangskosten oder 64.000 € netto pro Jahr.

Im Bereich der Straßentransporte besteht grundsätzlich ein sehr volatiler Markt, der auf das wirtschaftliche Umfeld sensibel reagiert und auch saisonalen Schwankungen unterliegt. Tendenziell gehen die Preise, bedingt durch Treibstoffkosten, Mautgebühren und eine Konsolidierung am Markt, eher nach oben.

Seefrachten

Markthintergrund
Die Entwicklung des Marktes bei Seetransporten ist sehr schwer zu kalkulieren, da viele globale und strategische Faktoren eine Rolle spielen. Wurden z. B. mehr Schiffe und damit Kapazitäten produziert als Transportnachfrage besteht, drückt das die Preise. Andererseits verknappen die Reedereien auch gerne künstlich das Angebot.

Der Kunde kauft nicht direkt bei der Reederei, sondern bei einer Spedition, die sich um Vorbereitung und Transport der Ware zur Reederei kümmert. Einerseits hat die Spedition das Risiko, dass sie auf den eingekauften Kontingenten sitzen bleibt und Frachtausfälle der Reedereien bezahlen muss, wenn diese leer fahren. Andererseits lassen sich die Speditionen dieses Risiko bezahlen. Der Kunde kann die Konditionen der Spediteure kaum durchschauen und hat große Mühe, Abrechnungen nachzuvollziehen.

Kundenrelevanz
Seefrachten kommen immer dann in Betracht, wenn Waren über weite Distanzen transportiert werden müssen. Aufgrund der langen Laufzeiten dürfen die Lieferungen aber nicht sehr zeitsensibel sein. Generell versucht man bei weiten Distanzen immer die Seefracht der Luftfracht vorzuziehen, da Luftfrachten sehr teuer sind. Teilweise werden Mischlösungen gefahren, sodass eine Teilstrecke per Schiff und eine Teilstrecke per Flugzeug transportiert wird (sogenannte Sea-Air-Kombinationen).

Ab einem Volumen von ca. 50.000 € netto pro Jahr ist ein Frachtkostenoptimierungsprojekt im Bereich der Seefrachten grundsätzlich sinnvoll. Es ist dabei aber zu berücksichtigen, dass die verhandelten Konditionen kaum noch langfristig gesichert werden können.

Ersparnispotenzial
Das Ersparnispotenzial schwankt stark und liegt je nach Marktlage zwischen 10 und 50%. Hohe Ersparnisse können vor allem dann

erzielt werden, wenn ein gutes Kontaktnetzwerk in der Branche besteht. Da der Spediteur den Container/Stellplatz bei der Reederei in jedem Fall anteilig bezahlen muss, kann es Gold wert sein zu wissen, welcher Spediteur gerade eine Überkapazität hat und bereit ist, sehr günstige Preise zu machen, um seine Frachtkontingente auszulasten. Das folgende Projektbeispiel soll einen Eindruck dazu geben:

> **Beispiel**
>
> **Kunde:** Produzent von hochwertigen Schokoladen und Verzierungen.
>
> **Aufgabe:** Der Kunde wünschte eine Optimierung der Seefrachtraten auf der Lane Asien (Thailand) nach Deutschland in Kühlcontainern. Das Ausgangsvolumen lag bei 250.000 €.
>
> **Ergebnis:** Nach Verhandlung konnte der Kunde an sehr interessanten Konditionen eines Spediteurs partizipieren. Dieser hatte starkes Interesse daran, seine Kontingente genau auf dieser Relation auszulasten.
>
> **Ersparnis:** Mit einer Einsparung von 48 % oder 120.000 € netto pro Jahr konnten die Ausgangskosten fast halbiert werden.

Die Kostenentwicklung im Bereich der Seefrachten ist extrem volatil und es ist sehr schwierig, langfristig stabile Konditionen zu bekommen. Während in anderen Logistiksegmenten Jahreskonditionen die Regel sind, ist es bei Seetransporten oft schon schwer, eine Quartalszusage zu bekommen.

Luftfrachten

Markthintergrund
Da Kunden in der Regel keine Möglichkeit haben, ihre Waren selbst am Flughafen anzuliefern und abzufertigen, müssen sie Spediteure für diese Aufgabe beauftragen, die dann als Komplettanbieter funk-

tionieren. Allerdings haben die Speditionen keine eigenen Flugzeuge, sondern buchen den Frachtraum (analog zu Seetransporten) verbindlich bei den Carriern.

Einerseits begibt sich die Spedition damit ins Risiko, den gebuchten Frachtraum nicht loszuwerden. Andererseits lässt sich diese aber das Risiko gut bezahlen. Die Speditionsabrechnungen sind für den Kunden wenig nachvollziehbar (Beispiel: Treibstoffzuschläge der unterschiedlichen Carrier).

Kundenrelevanz
Luftfrachten kommen immer dann in Betracht, wenn Waren über weite Distanzen transportiert werden müssen und zeitsensibel sind. Gleichzeitig muss der Warenwert entsprechend hoch sein, damit sich das Geschäft noch lohnt. Generell versucht man bei weiten Distanzen immer die Seefracht der Luftfracht vorzuziehen, da Luftfrachten sehr teuer sind. In manchen Fällen gibt es aber auch gemischte Lösungen (Teilstrecke wird per Seefracht transportiert).

Analog zu Seefrachten empfiehlt sich eine Optimierung ab einem jährlichen Kostenvolumen von mindestens 50.000 €.

Ersparnispotenzial
Im Bereich der Luftfrachten ist das Ersparnispotenzial mit ca. 15 % nicht so hoch wie im Bereich der Seefrachten. Dafür ist es in vielen Fällen möglich, gesicherte Konditionen für ein Jahr zu bekommen. Im Folgenden finden Sie zur Veranschaulichung ein reales Projektbeispiel zu diesem Bereich:

Beispiel

Kunde: Hersteller von Antriebstechnik.

Aufgabe: Der Kunde wünschte eine Optimierung seiner Kosten für Luftfrachtsendungen in die USA und nach Brasilien. Der Ausgangswert lag bei 500.000 €. Es sollten nur A-Carrier verwendet werden und die Dienstleister mussten über eigene Niederlassungen in den Empfangsländern verfügen. Des Weiteren sollten die Dienstleister die Nachläufe zu den Empfangskunden durchführen.

Ergebnis: Durch Zusammenlegung des Luftfrachtvolumens mehrerer Kunden konnten sehr gute Konditionen erzielt werden. Dies unter anderem deshalb, da sich die verschiedenen Produkte hervorragend zu Sendungen zusammenstellen ließen.

Ersparnis: Die Ersparnis für den Kunden lag bei rund 120.000 €, was fast einem Viertel der bisherigen Kosten entsprach.

Den hauptsächlichen Einfluss auf die Konditionen haben die Fluggesellschaften, da diese die Konditionen mit den Spediteuren verhandeln. Größere Speditionen bekommen aufgrund ihres Einkaufsvolumens im Normalfall bessere Preise. Abgesehen davon ist es auch immer eine Frage, welche Fluggesellschaft sich aus strategischen Gründen Marktanteile kaufen will. Generell ist der Transportweg der Luftfrachten ein sehr volatiler Markt und Kunden bekommen kaum mehr als sechs Monate Konditionssicherheit. Mit entsprechender Marktkenntnis und Branchenkontakten sind aber zwölf Monate Konditionssicherheit machbar.

Verpackung und Kartonagen

Markthintergrund

Im Gegensatz zu anderen Logistikbereichen, wie z. B. den See- oder Luftfrachten, ist der Markt für Verpackung und Kartonagen deutlich weniger sensibel. Von der Tendenz her bewegt er sich seitwärts bzw. leicht steigend.

Es gibt Hersteller, die nur einzelne Verpackungsarten (z. B. Kartonagen, Folien oder Holzkisten) herstellen. Dem gegenüber stehen Händler, die als Vollsortimenter die meisten Arten von Verpackungen anbieten. Die Vollsortimenter sind im Vergleich zu den Herstellern relativ teuer.

Kundenrelevanz

Die Thematik ist eigentlich für jeden Kunden interessant, der Waren verpackt und versendet, z. B. für Unternehmen aus dem Handel, der Industrie und für Erzeuger. Es lässt sich somit bereits an den Kosten für die Transportwege erkennen, ob ein Potenzial für eine Optimierung in diesem Bereich besteht. Ab einem Kostenvolumen von 30.000 € netto pro Jahr lohnt sich ein Projekt in der Regel.

Ersparnispotenzial

Bei einer reinen Neuverhandlung der Kosten liegt das Potenzial bei etwa 15 %. Wird eine Produktoptimierung einbezogen (z. B. dünnere Folie oder eine andere Art von Kartons), geht das Potenzial in Richtung 40 %.

Beispiel

Kunde: Hersteller und Händler von hochwertiger Kosmetik.

Aufgabe: Der Kunde wünschte eine Optimierung seiner Verpackungskosten, wobei die bisherigen Kommissionierungsprozesse durch evtl. veränderte Verpackungsmittel nicht beeinträchtigt werden sollten. Aufgrund der Bauhöhe der Kommissionierungsstraßen und Brücken durften die Kartonagen ein gewisses Maß nicht überschreiten. Das Ausgangsvolumen lag bei 450.000 €.

Ergebnis: Zunächst wurden die Verpackungskosten für Füllmaterial, Folie etc. durch Anpassung und Verhandlung deutlich optimiert. Des Weiteren wurde im Bereich der Kartonagen das Verpackungssystem auf Automatikkartons umgestellt. Des Weiteren wurden Warenträger/Trays für die neuen Kartons eingeführt. Des Weiteren wurde im Bereich der Kartonagen das Verpackungssystem auf Automatikkartons umgestellt und es wurden Warenträger/Trays für die neuen Kartons eingeführt. Dadurch konnten die zu versendenden Waren optimal verpackt sowie Füllmaterial eingespart werden. Die Beschädigungsquote ging drastisch zurück.

Ersparnis: Es konnte eine Ersparnis in Höhe von 180.000 € oder 40 % erzielt werden. Die Ersparnis resultierte aus verbesserten Kosten der eigentlichen Verpackungen sowie der Prozessoptimierung im Kommissionierungsbereich.

Die Rohstoffe sind der wesentliche Beeinflusser für die Kostenentwicklung in diesem Segment. Je nach Produkt kann sie daher komplett unterschiedlich sein. Während z. B. der Rohstoff Holz teurer wird, sehen wir bei den rohölbasierten Kunststoffen fallende Preise.

Wichtige Fachbegriffe der Branche

Logistik Lademeter (kurz: LDM)
Maß zur Berechnung des Laderaumes von Lkw und Containern.

Twenty-foot-Equivalent Unit (kurz: TEU)
Einheit zur Bemessung des Laderaums von Containerschiffen. Entspricht einem Standardcontainer von 20 Fuß Länge.

Verzichtskunde oder auch SLVS-Verbotskunde
Besagt, dass der Lieferant den Transport nicht versichern muss, weil der Empfänger das bereits getan hat.

Routing Order
Bedeutet, dem Lieferanten wird vorgeschrieben, mit welchem Spediteur er versenden soll. In der Praxis meldet sich der Lieferant, sobald die Ware fertig ist, beim Spediteur und es wird ein Abholdatum vereinbart.

Full Container Load (kurz: FCL)
Kurzform für die Beladung eines kompletten Containers.

Less Container Load (kurz: LCL)
Kurzform für die teilweise Beladung eines Containers (Stückgut).

House Airway Bill (kurz: HAWB)
Bezeichnet einen Luftfrachtbrief.

Allotments
Reservierte Kontingente der Luftfrachtspediteure.

International Air Transport Association (kurz: IATA)
Internationaler Luftverkehrsverband.

Consolidation
Zusammenführen und Bündeln logistischer Einheiten zu größeren, optimaleren Losen, um Synergieeffekte zu nutzen. Man unterscheidet zeitliche und räumliche Konsolidierung.

Verpackung Blister oder Blase
Gängiger Begriff für Sichtverpackungen aus stabiler Kunststofffolie auf einer Unterlage aus Karton oder Aluminium.

Duales System
Ein privates Entsorgungssystem für Verkaufsverpackungen neben der kommunalen Abfallentsorgung.

Fefco
Der FEFCO-ESBO-Code ist ein international gültiger Code zur Beschreibung von Verpackungsmitteln aus Wellpappe und Vollpappe.

Kraftliner
Kraftliner ist eine Papierart. Sie besteht aus gebleichtem oder ungebleichtem Kraftzellstoff (Sulfatzellstoff) mit einem besonders hohen Anteil langer Fasern. Kraftliner wird als Deckschicht von Well- oder Vollpappe verwendet. Es besitzt eine hohe Festigkeit und ist widerstandsfähig gegen Feuchte.

Normkartons
Genormte Kartons in Größe und Qualität, welche die Lieferanten auf Lager haben. Die Abmessungen der Normkartons entsprechen den Verpackungsnormen der großen, europäischen Versandhäuser.

Europäischer Wirtschaftsdienst (kurz: Euwid)
Index für Holz und Kartonagen.

Dehnfolie (oder auch Stretchfolie)
Ist der Überbegriff für elastische Folien, die man extrem dehnen kann, ohne dass sie reißen.

Zusammenfassung und Fazit

Der Logistikmarkt ist sehr komplex und zeichnet sich durch eine Fülle von Transportwegen und Teilbereichen aus, von denen jeder seine Besonderheiten und Gesetzmäßigkeiten mitbringt.

Gleichzeitig handelt es sich um eines der spannendsten und lukrativsten Felder im Bereich der Gemeinkostenoptimierung. Die hohen Ausgangskosten (durchschnittlich 3 bis 4 % vom Unternehmensumsatz) und die attraktiven Einsparpotenziale (durchschnittlich 15 % und im Einzelfall deutlich mehr) sorgen für eine hohe Relevanz des Themas.

Es ist aber zu berücksichtigen, dass eine erfolgreiche Optimierung ein hohes Maß an Zeit, Einsatz und Know-how erfordert. Eine einfache Ausschreibung kann, wenn vorher keine Potenzialanalyse gemacht wurde, auch negative Auswirkungen in Form steigender Kosten mit sich bringen.

Energieoptimierung 6

In energieintensiven Unternehmen, zum Beispiel im Bergbau, im Glas- und Keramikgewerbe, im Papiergewerbe, in der Metallerzeugung und -verarbeitung und in der chemischen Industrie, hat der Bereich Energie einen großen Anteil an den Gemein- und Gesamtkosten eines Unternehmens. Zu den Kostenpositionen zählen im Wesentlichen:

- Strom- und Gaskosten
- Betriebliches Energiemanagement
- EEG-Direktvermarktung
- Heizen
- Druckluft
- Dampferzeugung
- Kühlung

Neben den direkten Möglichkeiten zur Kosteneinsparung rücken in diesem Bereich zunehmend folgende Motive von Unternehmen weiter in den Vordergrund:

- Höhere Renditen für Objekte in Verkauf und Vermietung
- Verlängerung des Lebenszyklus
- Zeitersparnis in der Verwaltung von Gebäuden

Das Bundesministerium für Wirtschaft und Energie prognostiziert für die nächsten Jahrzehnte steigende Energiepreise, aber gleichzeitig einen immer effektiveren Umgang mit Energie, der zu insgesamt abnehmenden Ausgaben für Energie führt. Demgegenüber stehen höhere Ausgaben für effizientere Energieverbraucher. Der Gesamtenergieverbrauch in Deutschland lag 2014 fast 5 % unter dem Verbrauch von 2013 und damit auf dem niedrigsten Stand seit 1990.[1]

Im Folgenden werden die Schwerpunktthemen „Strom- und Gaseinkauf" sowie „Heizen" detailliert betrachtet.

Stromkosten

Markthintergrund

Seit der Liberalisierung des Strommarktes in Deutschland haben sich etwa 1000 Stromanbieter gebildet. Neben großen Konzernen wie RWE, E.ON, EnBW oder Vattenfall sind dies unzählige Stadtwerke und sehr viele Händler, die Strom bei den Erzeugern ein- und an Verbraucher weiterverkaufen. Der Markt ist sehr unübersichtlich und die Besitzverhältnisse wechseln laufend.

Energieversorger bieten häufig Beratungen zum Thema des effizienten Energieverbrauchs an. Zudem stellen sie Finanzierungen von Blockheizkraftwerken oder KWK-Anlagen im Gegenzug für langfristige Energielieferverträge bereit.

Kundenrelevanz

Energieintensive Unternehmen, wie in der Einleitung beschrieben, bezahlen für Energie über 10 % ihrer Gesamtkosten. Aber auch kleinere Kunden ab 50.000 KWh Stromverbrauch im Jahr können von einer Optimierung ihrer Stromkosten deutlich profitieren.

---

[1] Quelle: http://www.bmwi.de/DE/Themen/Energie/Energiedaten-und-analysen/erhebungsstudien,did=578810.html (Zugriffsdatum: 01.03.2015).

Stromkosten

Je mehr Strom ein Unternehmen verbraucht, desto höher ist die Bereitschaft, alle Ersparnisoptionen auszuschöpfen. Dazu zählen nicht nur der Energieeinkauf, sondern auch die Senkung und Steuerung des Verbrauches (z. B. durch versetztes Anschalten von Öfen bei Arbeitsbeginn und damit die Reduzierung von Energiespitzen), Ausnutzen aller steuerlichen Vorteile und Fördermittel für Beratungen, Contracting und das Ausnutzen aller wirtschaftlich sinnvollen Synergieeffekte zwischen den verschiedenen Energieträgern und -verbrauchern.

Ersparnispotenzial
Die Höhe des Einsparpotenzials hängt vom richtigen Zeitpunkt des Energieeinkaufs, der Vertragsgestaltung, der Auswahl des Energieanbieters und der Vorgehensweise ab. Beispielsweise setzen sich Auktionen auf speziell entwickelten Plattformen immer mehr durch und liefern Ergebnisse, die nicht selten Einsparungen von bis zu 30 % gegenüber dem bestehenden Stromversorger ermöglichen.

Dies entsteht dadurch, dass Energieanbieter und Händler große Strommengen zu einem günstigen Zeitpunkt und günstigen Preisen von großen Stromerzeugern eingekauft haben. Überkapazitäten daraus müssen sie nach einiger Zeit mit geringen Margen oder sogar Verlust wieder abstoßen, wenn sie diese nicht platziert bekommen. Das Prinzip lässt sich mit den Last-Minute-Angeboten von Reiseveranstaltern vergleichen. Im Folgenden ein Beispiel, wie ein Meipor-Experte mithilfe einer solchen Stromauktion agiert hat:

Beispiel
Kunde: Elektronikhersteller aus Hessen.
  Aufgabe: Der Stromliefervertrag des Kunden lief zum Jahresende aus und das neue Angebot des bisherigen Versorgers lag deutlich über den bisherigen Preisen. Der Kunde beauftragte vor diesem Hintergrund einen Meipor-Experten mit der Aushandlung eines neuen Stromliefervertrags.

Ergebnis: Zuerst wurden alle relevanten Energiedaten des Kunden qualifiziert aufbereitet und anschließend über eine Energieauktionsplattform in einem offenen, zeitlich begrenzten Auktionsverfahren ausgeschrieben. Damit wurde ein Wettbewerb unter den Energielieferanten geschaffen, der einen attraktiven Preis für den Kunden ermöglichte.

Ersparnis: Das Ergebnis lag 14 % unter dem neuen Angebot des bisherigen Versorgers. Die neuen Energielieferverträge wurden von Juristen vor Abschluss auf die wesentlichen Punkte (z. B. Preisstabilität und versteckte Kosten) überprüft, da nur vergleichbare Vertragswerke zu vergleichbaren Preisen führen.

Durch immer effizientere Stromverbraucher und besseres Stromverbrauchsmanagement werden die Ausgaben von Unternehmen für Strom trotz steigender Strompreise in den nächsten Jahren eher sinken. Dies setzt allerdings seitens der Unternehmen umfangreiches Know-how voraus, um Stromanbieter, Einkaufsmöglichkeiten und Verbrauchsoptimierungen im Rahmen der sich ändernden Gesetze und Förderrichtlinien zu kennen und anzuwenden. Dieses Knowhow kann von den Unternehmen entweder erworben oder als Beratungsleistung eingekauft werden.

Gaseinkauf

Markthintergrund
Nach der Liberalisierung des Gasmarktes sind ähnlich wie im Strombereich unzählige Gashandelsunternehmen aus dem Boden geschossen, die sich durch gegenseitiges Unterbieten ihren Marktanteil erkämpft haben. Der deutsche Gasmarkt zeichnet sich durch eine Vielzahl von privatrechtlich organisierten Marktakteuren in den Bereichen Gasnetze, Speicherbetrieb und Handel aus. Es gibt derzeit zwei Marktgebiete (NCG und Gaspool) mit je einem Marktgebietsverantwortlichen, der für die effiziente Abwicklung des Gasnetz-

zugangs und des Marktgeschehens sorgt. Um den Wettbewerb zu fördern, wurden die Betreiber von Gasversorgungsnetzen und Speichern vom Erdgashandel getrennt.

In Deutschland werden nur knapp 12 % des Gasbedarfes gefördert. Die restlichen 88 % kommen überwiegend aus Russland, Norwegen und den Niederlanden.

Auf dem deutschen Gasmarkt agieren derzeit 17 Gasfernleitungsunternehmen (Stand: 1. August 2013). Weitere Akteure sind die Verteilernetzbetreiber, Speicherbetreiber, sowie Handelsunternehmen – insgesamt etwa 700 Gasanbieter. Darunter befinden sich viele Stadtwerke, aber die meisten von ihnen sind Händler, die Gas bei den Erzeugern einkaufen und an Endkunden weiterverkaufen. Die größten Gaserzeuger und Lieferanten sind: E.ON, RWE, EnBW, Vattenfall Europe, EWE, VNG (Verbundnetz Gas), Wingas, Shell und ExxonMobil. Die meisten Anbieter sind bundesweit tätig.

Die Beschaffungskosten beinhalten den Gaseinkaufspreis sowie alle Transportkosten. Die Verteilungskosten sind alle Kosten der Weiterleitung des Erdgases an die Endkunden. Darin enthalten sind auch alle Kosten, die mit dem Ausbau und der Instandhaltung des Erdgasnetzes verbunden sind. Der Erdgassteuer liegt das Energiesteuergesetz zugrunde. Mit ihm wird die Verbrauchsmenge an Erdgas in den verschiedenen Einsatzbereichen besteuert. Die Konzessionsabgabe müssen die Netzbetreiber an die jeweilige Gemeinde entrichten, da sie öffentliches Gebiet für das Verlegen und Betreiben von Gasleitungen nutzen.

Kundenrelevanz
Industrielle Branchen mit dem höchsten Gasverbrauch sind (ähnlich wie beim Strom) Unternehmen der Zellstoff- und Papierindustrie, der Metall- und Mineralindustrie sowie der Öl-, Gas- und petrochemischen Industrie. Grundsätzlich ist eine Optimierung für jedes Unternehmen mit einem Gasverbrauch von über 300.000 kWh im Jahr, das Sondervertragskunde ist, sinnvoll.

Ersparnispotenzial

Große Unternehmen mit mehreren tausend Beschäftigten und vielen Standorten nutzen meistens einen überregionalen Einkauf bis hin zu den europäischen Strombörsen. Eigene technische Abteilungen realisieren Einsparungen von Vertrag zu Vertrag von maximal 3 bis 5 %. Die Möglichkeiten von Gasauktionen werden bei diesen Unternehmen noch selten ausgenutzt. 1 oder 2 % an Einsparungen können hier bereits sechsstellige Kostenvorteile bedeuten.

Bei kleineren Unternehmen ist das Einsparpotenzial erfahrungsgemäß größer, da noch sehr viele Unternehmen bei den lokalen Stadtwerken Kunde sind. Die möglichen Einsparungen, gemessen an den Angeboten der bisherigen Lieferanten, liegen nicht selten zwischen 20 und 30 %, wie das folgende Beispiel zeigt.

Beispiel

Kunde: Maschinenbauunternehmen aus Bayern mit mehreren Produktionsstandorten.

Aufgabe: Der Stromliefervertrag des Kunden lief zum Jahresende aus und das neue Angebot des bisherigen Versorgers hätte für den Kunden eine Erhöhung der Gaskosten um etwa 30 % auf 310.000 € zur Folge gehabt. Auf Empfehlung des Meipor-Experten wurde der alte Vertrag fristgerecht gekündigt und neu verhandelt.

Ergebnis: Aufgrund des hohen Gasverbrauches wurde eine individuelle Ausschreibung einer Onlineauktion vorgezogen. Angebote von mehreren ausgewählten Gaslieferanten wurden unter Berücksichtigung der unterschiedlichen Preisbildungsmodalitäten und der daraus resultierenden Preisbewegungen verglichen. Der Meipor-Experte betreute den Kunden von der Erstellung der aussagekräftigen und auf das individuelle Beschaffungskonzept abgestimmten Ausschreibungsunterlagen über die Angebotseinholung und persönlichen Verhandlungen bis hin zur Umsetzung und Kontrolle der Energielieferverträge.

Ersparnis: Das beste Angebot aus dieser individuellen Gasausschreibung war gegenüber dem Neuangebot des bisherigen Lieferanten um rund 93.500 € bzw. 30 % günstiger und lag sogar um 24.000 € pro Jahr unter dem ursprünglichen Vertrag des Kunden. Durch die individuelle Ausschreibung konnte zudem auf die Wünsche des Kunden und die konkrete Unternehmenssituation eingegangen werden.

Die Tendenz am Markt ist weitgehend unberechenbar. Wie für andere Waren und Dienstleistungen, werden die Preise für Erdgas auf der Basis von Angebot und Nachfrage frei gebildet. Unterschiedliche Kostenbestandteile liegen den Preisen zugrunde. Im Herbst 2014 war der Gaspreis trotz Russlandkrise auf dem tiefsten Stand seit drei Jahren.

Heizen

Markthintergrund[2]
In Deutschland gibt es insgesamt etwa 20 Mio. Heizungsanlagen. Sowohl privat als auch in Unternehmen werden jährlich nur zwischen 3 und 3,5 % der bestehenden Anlagen erneuert. Etwa 74 % der Anlagen laufen inzwischen unzureichend effizient und es besteht ein fortwährender Modernisierungsstau. Auch Wärmedämmungen zur Reduzierung von Heizkosten werden trotz günstiger Sanierungsdarlehen und Steuerförderungen an weniger als 1 % der bestehenden Gebäude pro Jahr durchgeführt.

Der Anteil neuer Gasheizungen in bestehenden Gebäuden hat sich pro Jahr seit 2003 von 70 auf über 77 % erhöht. Biomasse und Wärmepumpenheizungen ließen den Anteil neuer Ölheizungen im gleichen Zeitraum von 25 auf 10 % schrumpfen. Etwa ein Drittel aller

---

[2] Quellen: http://www.baulinks.de/webplugin/2014/2025.php4 und http://www.meineheizung.de/lexikon/heizungsmarkt (Zugriffsdatum: 01.03.2015).

Neubauten wird mittlerweile mit Wärmepumpen ausgestattet – aber meistens noch gekoppelt mit Gasheizungen. Fernwärme und Blockheizkraftwerke nehmen nur einen geringen Anteil von jeweils unter 10 % ein.

Zu den Marktteilnehmern gehört indirekt auch die Gesetzgebung, die eine Reduzierung von CO_2-Emissionen beschlossen hat. Die Einhaltung der Abgasbestimmungen wird durch die Schornsteinfeger bei Anlagen bis 20 MW Nennleistung gemäß 1. BImSchV regelmäßig kontrolliert. Zudem gibt es etwa 50.000 Betriebe in Deutschland, die in der Heizungsinstallation tätig sind und unterschiedlichste Hersteller von Heizungen oder Blockheizkraftwerken favorisieren und die natürlich auch Heizungsberatungen anbieten.

Viele Stadtwerke und Energieerzeuger bieten ebenfalls Blockheizkraftwerke oder Energie- und Heizberatungen an. Ein kleiner Anteil von Unternehmen wird von Facility-Management-Fullservice-Unternehmen auch im Hinblick auf die Heizanlagen betreut. Zusätzlich gibt es fast 2000 Unternehmen in Deutschland, die Energieberatung für Unternehmen anbieten, etwa 75 % dieser Unternehmen sind Architekten und Ingenieurbüros, die Energieberatung als Teil ihres Portfolios verstehen.

Nur ein kleiner Teil von Unternehmen, Einrichtungen oder Kommunen kennt den Nutzen und die Fördermöglichkeiten von Heizungsberatungen und noch weniger nehmen sie in Anspruch.

Während die Inhaber von Immobilien neben der Einhaltung der Abgasbestimmungen und reibungsarmer Funktionalität vor allem auf die Heizkosten achten, wollen die Energielieferanten vor allem Energie verkaufen und die Heizungsbauer neue Anlagen verkaufen und langfristige Wartungsverträge abschließen. Nicht selten sind es die Schornsteinfeger, die den Heizungsbauern zuarbeiten, wenn sie Anlagenbetreiber warnen, dass ihre Heizungen in ein oder zwei Jahren die strenger werdenden Abgasbestimmungen nicht mehr erfüllen werden.

Kundenrelevanz

Heizungsoptimierung ist für alle Unternehmen, Einrichtungen und Kommunen weitgehend unabhängig von ihrer Größe interessant. Dabei sind folgende Punkte zu beachten:

1. Heizungsberatung ist nicht teuer, wenn die verfügbaren Beratungsförderungen in Anspruch genommen werden.
2. Alte Heizungen müssen nicht zwingend ausgewechselt werden und sie können trotzdem noch jahrelang die Abgasvorschriften erfüllen.
3. Es gibt preiswerte Methoden, Heizkosten zu sparen, die keine sechs- oder siebenstelligen Investitionen (z. B. für Dämmung oder Sanierung) erfordern.

Die folgende Checkliste dient als Hilfestellung für die Optimierung von Heizungskosten. Unternehmen sollten insbesondere auf folgende Merkmale und Qualifikationen eines Energieberatungsunternehmens achten:

- Kenntnis der Fördermöglichkeiten für Energieberatungen und Heizungsoptimierungen (z. B. können bis zu 80 % des Beratungshonorars auf verschiedenen Wegen subventioniert werden).
- Kenntnis von Möglichkeiten der Heizungsoptimierung, die Emissionen verringern, den Verbrauch und die Kosten senken und dadurch den Austausch von Heizanlagen um Jahre in die Zukunft verschieben können.
- Kenntnis von Konzepten zur Wärmeerzeugung, Wärmeverteilung, Wärmerückgewinnung, Heizanlagenregelung, hydraulischem Abgleich und KWK.
- Befähigung, um dena-Energieausweise für Wohn- und Nichtwohngebäude auszustellen.
- Befähigung, um Energieaudits gemäß DIN 16247 durchzuführen und Heizlastprofile gemäß DIN 12831 zu erstellen (für KfW-Kredite erforderlich).

- Unabhängigkeit von Heizungsherstellern und -bauern.
- Fachkundenachweis für Energiemanagementsysteme und Energiemanager nach ISO 50001.

Ersparnispotenzial

Die kurzfristigen Einsparungen, die bei einer Heizungsoptimierung innerhalb von wenigen Wochen erzielbar sind, bewegen sich in der Regel zwischen 3 und 10 %. Dabei gilt: Je älter die Heizanlage, die noch mit Öl oder Gas betrieben wird, desto höher ist die mögliche Einsparung. Im Folgenden zwei konkrete Beispiele aus der Beratungspraxis:

Beispiel

Kunde: Metallverarbeitendes Unternehmen aus Niedersachsen.

Aufgabe: Das Unternehmen befand sich in einer Expansionsphase, der Bau einer neuen Halle war geplant. Mehrere Brenner und Kessel waren in Betrieb. Die Abgaswerte befanden sich nahe an der zulässigen Grenze. Nach Analyse der Schornsteinfegerprotokolle und der bestehenden Kessel und Brenner auf Optimierungspotenziale durch einen Energieexperten wurden kostensparende Maßnahmen in die bestehenden Heizanlagen eingebaut. Durch Vorher-Nachher-Messungen wurden der Energieverbrauch und die Einsparung bestimmt. Ziel war das Erreichen der gleichen Leistung bei weniger Gasverbrauch.

Ergebnis: Der Gasverbrauch und die damit verbundenen Energiekosten wurden nachhaltig gesenkt und auch die Abgaswerte wurden verbessert. Die Notwendigkeit zur Anschaffung von neuen Kesseln oder Heizanlagen wurde dadurch um Jahre hinausgezögert.

Ersparnis: Der Gasverbrauch wurde innerhalb weniger Wochen um 8 % gesenkt und die Investitionskosten konnten unter Berücksichtigung der Abschreibung innerhalb eines Jahres amortisiert werden.

> **Beispiel**
> **Kunde:** Gemeindezentrum in Niedersachsen.
> **Aufgabe:** Die Heiztechnik des Gemeindezentrums basierte vor der Optimierungsmaßnahme auf einem Gasspezialkessel mit Vorlauf-Witterungs-Geführter-Regelung und nicht abgeglichener Hydraulik. Die Verteilung erfolgte durch drei ein- bzw. dreistufige Umwälzpumpen. Der bestehende Heizkessel des Gemeindezentrums sollte aus finanziellen Gründen erhalten bleiben.
> **Ergebnis:** Zuerst wurden die bestehenden Heizkreise hydraulisch abgeglichen. Die bestehenden alten Drei-Wege-Mischer wurden demontiert und zur Regelung der Nutzerzeiten wurden stattdessen Motorklappen eingesetzt. Da dieses System mit nur einer Vorlauftemperatur betrieben wird, kann so das gesamte System mit nur einer optimal ausgelegten Hocheffizienzpumpe versorgt werden. Zudem wurde die vorlaufgeführte Regelung gegen eine moderne Rücklauf-Witterungs-Geführte-Regelung getauscht und unnötige Brennerstarts vermieden. Der Wärmeerzeuger erreicht somit im normalen Betrieb nahezu den Normnutzungsgrad und das Laufverhalten entspricht quasi den Bedingungen der DIN 4702 T8.
> **Ersparnis:** Die witterungsbereinigte Energieeinsparung pro Jahr betrug 18 %. Neben einer erheblichen Kosteneinsparung wurde auch eine nachhaltige Reduzierung der Abgase erreicht.

In der Zukunft wird die Kopplung verschiedener Heizsysteme immer mehr zunehmen, in neuen und auch bestehenden Gebäuden. Durch den riesigen und unübersichtlichen Anbieter- und Beratermarkt für Heizungen wird es unausweichlich, die Angebote vor Start einer Optimierung anhand der genannten Kriterien zu prüfen und so unangemessene und teure Lösungen, deren Investitionen sich oft erst in mehr als zehn Jahren amortisieren, zu vermeiden.

Wichtige Fachbegriffe der Branche[3]

1. BImSchV
Die Erste Verordnung zur Durchführung des Bundes-Immissionsschutzgesetzes beschäftigt sich mit Feuerungsanlagen, die nicht unter die Genehmigungspflicht des § 4 BImSchG fallen. Größere Anlagen sind in der Verordnung 13. BImSchV geregelt.

Anlagenwirkungsgrad (stationär)
Ein durchaus geeignetes Mittel, um Veränderungen für Optimierungen zu dokumentieren, die direkt an Kessel/Brenner wirken. Hier wird der Kessel hydraulisch vom Netz getrennt und man betrachtet nur die Energiemenge, die direkt im Kesselkreis erzeugt wird, und setzt dazu den Energieeinsatz ins Verhältnis. Diesen Vorgang kann man immer wieder sehr exakt reproduzieren.

Blockheizkraftwerke (BHKW)
Ein Motor mit unterschiedlichsten Treibstoffen (von Abfall bis Öl) erzeugt Strom und Wärme, die in einem Wassertank gespeichert und meist zu Heizzwecken verwendet wird. Der Wirkungsgrad liegt etwa doppelt so hoch wie bei großen Kohlekraftwerken.

Brennwertfeuerstätte
Feuerstätte, bei der die Verdampfungswärme des im Abgas enthaltenen Wasserdampfes konstruktionsbedingt durch Kondensation nutzbar gemacht wird.

EEG
Erneuerbare Energien Gesetz.

---

[3] Zur Erstellung dieser Fachbegriffsübersicht wurden unter anderem die Onlinequellen www.energie-lexikon.info, http://www.gesetze-im-internet.de/bimschv_1_2010/ und www.beb-brokate.de herangezogen (Zugriffsdatum: 01.03.2015).

Eisspeicher
Unterirdischer Wassertank, der in Verbindung mit einer Wärmepumpe als Wärmespeicher genutzt wird.

Emissionshandel
Handel mit CO_2-Zertifikaten, die von EU-Regierungen wie Mobilfunklizenzen verkauft oder gemäß bestehender Emissionen kostenlos an CO_2 produzierende Unternehmen ausgegeben wurden. Unternehmen, die einsparen und dementsprechend weniger CO_2 verbrauchen, können an einer Börse überschüssige Zertifikate an Unternehmen verkaufen, die aufgrund steigender Produktion mehr CO_2 verbrauchen.

Energieliefer- oder Anlagen-Contracting
Verträge über Energiedienstleistungen (meistens Energielieferungen), bei denen ein Contractor einem Contracting-Nehmer Heizwärme oder elektrische Energie liefert, die dafür benötigten Anlagen langfristig finanziert, aufstellt und betreut.

Feuerstätte
Im oder am Gebäude ortsfest benutzte Anlage, die dazu bestimmt ist, durch Verbrennung Wärme zu erzeugen.

Feuerungstechnischer Wirkungsgrad
Es wird gemessen, wie gut der Brennstoff verbrannt wird. Dabei wird nicht erfasst, wie viel Brennstoff verbrannt und wie viel Energie dabei erzeugt wird. Um die Effizienz einer Heizungsanlage zu beurteilen, ist dieser Wert nur wenig brauchbar.

Jahresnutzungsgrad
Der tatsächliche Energieeinsatz wird mit der erzeugten Energiemenge verglichen. Hierfür ist eine aufwendige Messtechnik erforderlich, die nur in relativ wenigen Anlagen installiert ist. Wie genau die Er-

gebnisse sind, hängt auch von der Anlagenart und der Montage der Messgeräte ab.

KWK-Anlagen
Kraft-Wärme-Kopplungsanlagen sind energieerzeugende Kraftwerke, deren Nebenprodukte wie Wärme zum Beispiel für das Heizen genutzt werden. Dazu zählen z. B. Blockheizkraftwerke.

Photovoltaik
Ein Verfahren zur Umwandlung von Sonnenlicht in elektrische Energie mithilfe von Solarzellen.

Wärmepumpe
Maschine, die der Luft, dem Wasser oder dem Erdreich Wärme entzieht, diese über verbrennungsmotorisch angetriebene Kompressoren oder über Sorptionseinrichtungen von einem niedrigen Temperaturniveau auf ein höheres bringt und damit für Kühl- oder Heizzwecke bzw. Warmwasserbereitung nutzbar macht.

Zusammenfassung und Fazit

Für energieintensive Unternehmen stellt dieser Kostenbereich eine relevante Betriebsgröße dar. Der Anteil der Energiekosten an den Gesamtausgaben liegt dabei häufig über 10%.

Gleichzeitig ist der Energiemarkt für Außenstehende schwer zu durchschauen. Die Durchführung eines Lieferantenwechsels, die Zusammensetzung der Energiepreise oder die verschiedenen Möglichkeiten der Energiebeschaffung sind für viele Unternehmen schwer einzuschätzen.

Der Einsatz eines spezialisierten Beratungsunternehmens kann somit sinnvoll sein, um den Energieeinkauf und -verbrauch zu optimieren und den Energiemarkt im Auftrag des Unternehmens zu überwachen. Dabei sollten sie unnötige Ausgaben für energiesenkende Maßnahmen vermeiden helfen.

Entsorgungsoptimierung 7

Der Kostenbereich Entsorgung führt ein eher stiefmütterliches Dasein unter den Gemeinkosten. Kaum ein Inhaber oder Geschäftsführer kennt die Zahlen im Unternehmen, wie viele Abfälle anfallen oder was sie kosten und schon gar nicht, welche Vergütungen man für Wertstoffe erhält.

Vor diesem Hintergrund ist Entsorgung einer der am häufigsten optimierten Kostenbereiche in allen Branchen. Eine Kostenüberprüfung lohnt sich aus folgenden Gründen besonders:

- **Hohes Ersparnispotenzial:** In den meisten Unternehmen ist kaum eine Sensibilisierung oder Kenntnis zu diesem Thema vorhanden – entsprechend groß ist das Potenzial.
- **Einfache Erhebung:** Entsorgung ist einfach abzugrenzen und der Ist-Stand kann schnell als Grundlage für eine Optimierung erfasst werden.
- **Kurze Umsetzungswege:** Selbst bei Konzernen oder großen Unternehmensgruppen wird über diesen Kostenbereich meistens vor Ort entschieden, sodass keine langen Abstimmungsprozesse notwendig sind.

Interessant ist, dass Einsparungen in diesem Segment innerhalb kürzester Zeit erzielt werden können, da für Entsorgung (bis auf die Miete von Presscontainern) in den seltensten Fällen Verträge mit

Laufzeiten bestehen. Ein Wechsel von Dienstleistern oder Umstellungen auf günstigere Abfallschlüssel, Behälter und Konditionen ist somit von einem Monat zum anderen realisierbar.

Markthintergrund

Der Markt für Entsorgung hat sich in den vergangenen zehn Jahren stark verändert. Als die Verwaltungsvorschrift TASi (Technische Anleitung für Siedlungsabfälle) 2005 in Kraft trat und kein Restmüll mehr deponiert werden durfte, waren die wenigen Müllverbrennungsanlagen zur Energiegewinnung überrannt und konnten fast jeden Preis pro Tonne verlangen. Mit Fertigstellung der neuen großen Verbrennungsanlagen hatten diese wiederum um Auslastung zu kämpfen und die Restmüllpreise sanken zum Teil rapide. Geblieben sind große regionale Unterschiede in den einzelnen Bundesländern.

Mit dem Kreislaufwirtschaftsgesetz, das die „3R" aus Reduce, Reuse und Recycle (Reduzieren, Wiederverwenden und Recyceln) noch stärker betonte, wurden klarere Abgrenzungen zwischen den öffentlichen und privaten Entsorgern ermöglicht. Während der private Hausmüll oder gemischte Siedlungsabfälle weiterhin an die Kommunen abgegeben werden müssen, können gewerbliche Müllerzeuger ihre gemischten Verpackungsabfälle auch über private Entsorger einer ordnungsgemäßen Verwertung zuführen.

Solange die Abfälle ordnungsgemäß entsorgt werden und der Weg überwachungspflichtiger Abfälle lückenlos dokumentiert wird, haben gewerbliche Abfallerzeuger die freie Wahl der Entsorger. Einzige Ausnahme ist die sogenannte Andienungspflicht – eine Mindestabfallmenge, die dem öffentlichen Entsorger zu überlassen ist und die von jeder Kommune anders definiert werden kann.

Bei den öffentlichen Entsorgern gibt es zum einen Eigenbetriebe, die keine Mehrwertsteuer berechnen und sich überwiegend auf die Privathaushalte und andienungspflichtigen Abfälle konzentrieren. Zum anderen gibt es von Kommunen oder Landkreisen ausgegliederte GmbHs, die mehr und mehr zu gewinnerwirtschaftenden

Profitcentern werden und mit privaten Entsorgern im Wettbewerb stehen. Viele dieser kommunalen GmbHs nutzen die Unwissenheit von gewerblichen Kunden aus und verlangen mehr Abfälle als Andienungspflicht als gesetzlich vorgeschrieben.

Am Markt existieren nur einige wenige bundesweite Entsorgungsdienstleister –, die meisten sind jedoch regional. Angefangen von Containerdienstleistern für Bauschutt, Grünschnitt und andere nicht überwachungspflichtige Abfälle bis hin zu hochgradig spezialisierten Dienstleistern, die nur flüssige Sonderabfälle, Leuchtstoffröhren oder Wertstoffe annehmen.

Unternehmen werden laufend aufgekauft, ändern Namen und Außendienstmitarbeiter.

Manche Firmen wollen nur einen Entsorger, um weniger Verwaltungsaufwand zu haben. Aber ein optimales Preis-Leistungs-Verhältnis erreicht man meistens mit zwei oder drei Dienstleistern, die jeweils die besten Konditionen und Anlagen für bestimmte Abfallgruppen besitzen oder die höchsten Vergütungen für Wertstoffe bezahlen.

Ein Dienstleister merkt sehr schnell, wie gut oder eben nicht gut ein Kunde den Entsorgungsmarkt kennt, und hat gute Argumente, warum er höhere Kosten hat als andere Anbieter und seine überteuerten Konditionen durchsetzt. In der Praxis wird die Qualität eines Entsorgers an der Zuverlässigkeit gemessen, da fast alle die erforderlichen Qualifikationen und ordnungsgemäße Entsorgungswege nachweisen können.

Kundenrelevanz

Entsorgung ist einer der am häufigsten optimierten Kostenbereiche in allen Branchen. Dabei ist es fast egal, ob es sich um ein Geldinstitut oder einen Verlag mit vielen Filialen, ein Handelsunternehmen mit unzähligen Verpackungen oder ein produzierendes Unternehmen mit vielen Produktionsabfällen handelt.

Während bei einem produzierenden Unternehmen Produktions- und Sonderabfälle den größten Teil einnehmen, sind es bei einem Handelsunternehmen die Verpackungsabfälle und bei einem Geldinstitut die Datenvernichtung.

Dass sich eine Optimierung selbst bei relativ kleinen Kostenpositionen lohnen kann, veranschaulicht das folgende Beispiel aus der Optimierungspraxis:

Beispiel

Ausgangssituation: Ein kleiner metallverarbeitender Betrieb hatte rund 7000 € an Jahreskosten für Entsorgung. Für den Restmüll standen vier Behälter der Stadt auf dem Gelände. Zusätzlich gab es eine Sammelbox für Leuchtstoffröhren, einen gemieteten Behälter für Altöl und einen für Emulsionen sowie Gitterboxen und kleine Mulden für die 5 t Metallabfälle pro Jahr.

Umsetzung: Die Restmüllbehälter der Stadt wurden auf einen Behälter für die gesetzlich vorgeschriebene Mindestmenge reduziert und ein falscher Abfallschlüssel, der einen Abfall verteuerte, wurde auf einen günstigeren umgestellt. Statt der drei zusätzlichen Restmüllbehälter wurden von dem privaten Entsorger zwei Behälter für gemischte Verpackungen gestellt und ein Behälter für Folien. Einige Fraktionen wie Leuchtstoffröhren und Öle wurden an kostengünstige oder kostenlose Recyclingsysteme angeschlossen. Die Transporte wurden optimiert und Abholungen zusammengelegt, sodass insgesamt weniger Anfahrten erforderlich waren.

Ergebnis: Nach der Ausschreibung und Optimierung blieben Jahreskosten von nur 2000 € übrig, was einer Einsparung von 71,43 % entspricht. Diese Ersparnis kam zustande, obwohl der bisherige Dienstleister weitgehend beibehalten wurde, und setzt sich zusammen aus 3500 € Ersparnis bei der Entsorgung und Transporten sowie eine Vergütung für Metalle von rund 1500 €, die bisher nur kostenlos abgeholt wurden.

Ersparnispotenzial

In kaum einem anderen Gemeinkostenbereich sind prozentual so hohe Einsparungen möglich. Laut einer Studie des Bundesverbandes Materialwirtschaft, Einkauf und Logistik (BME) beträgt das Optimierungspotenzial bei der Abfallentsorgung bis zu 35 %.[1]

Unserer Erfahrung nach gibt es selten eine Optimierung in diesem Bereich, bei der weniger als 10 % eingespart wird. Während die durchschnittliche Einsparung bei über 30 % liegt, können in Einzelfällen auch über 50 % eingespart werden. Die folgenden realen Beispiele sollen das Potenzial verdeutlichen:

> **Beispiel**
>
> **Kunde:** Metallverarbeitendes Unternehmen in Sachsen-Anhalt.
>
> **Aufgabe:** Der Kunde wünschte eine Optimierung seiner Entsorgungskosten ohne Einbußen von Qualität und Service und Bevorzugung seiner bestehenden Geschäftsbeziehungen.
>
> **Ist-Stand:** Das Unternehmen befand sich in einer Expansionsphase mit wenig Zeit, sich um den Bereich Entsorgung zu kümmern. Vier Entsorger waren zu Beginn der Analyse für den Kunden tätig. Teilweise gab es zwei Entsorger mit verschiedenen Sammelbehältern für dieselbe Abfallfraktion.
>
> **Optimierung:** Die Entsorgungs- und Vergütungsrechnungen eines Jahres wurden ausgewertet und eine Ist-Bilanz der Abfallmengen, Preise und deren Zusammensetzung erstellt. Nach einer Ortsbegehung mit ausgewählten Dienstleistern und Ausschreibung wurden die verschiedensten Kombinationsmöglichkeiten der Entsorgungsvergabe anhand des Zwischenberichtes erörtert. Diese reichten von der Verteilung auf sechs Entsorger mit einer

---

[1] http://www.haufe.de/unternehmensfuehrung/steuern-finanzen/so-bekommen-sie-ihre-gemeinkosten-in-den-griff/1-overheads-die-eingerosteten-renditehebel_62_230184.html (Zugriffsdatum: 01.03.2015).

möglichen Einsparung von bis zu 33,83 % bis hin zur Konzentration auf drei Entsorger.

Ergebnis: Der Kunde entschied sich für eine Lösung, bei der alle vier bestehenden Entsorgungsunternehmen weiter beauftragt wurden –, allerdings bei neuer Verteilung der Abfallfraktionen untereinander. Für jede Abfallfraktion gibt es nun eine eindeutige Zuordnung zu einem Entsorger. Die Einsparung beträgt final 29,00 % und sorgt für eine jährliche Kosteneinsparung von 37.000 € beim Kunden. Bei einem Schwesterunternehmen in der Gruppe des Kunden wurde durch Senkung der Entsorgungskosten und Erhöhung der Rohstoffvergütungen sogar eine Einsparung von 68,39 % erzielt.

Beispiel

Kunde: Stahlwerk mit Produktionsstätte in Nordrhein-Westfalen.

Aufgabe: Der Kunde wünschte eine Optimierung seiner Entsorgungskosten und der Verbesserung werksinterner Entsorgungs- und Transportdienstleistungen ohne Einbußen von Qualität und Service.

Ist-Stand: Das Unternehmen wollte aufgrund eines Produktionsrückganges und sinkender Einnahmen die Kosten senken –, unter anderem im Bereich Entsorgung. Es gab einen Entsorger für alle 39 Positionen. Dieser Dienstleister stellte auch Maschinen und Personal für die werksinterne Entsorgungslogistik, die mit untersucht wurde.

Optimierung: Die Entsorgungs- und Vergütungsrechnungen und Dienstleistungsrechnungen von mehreren Jahren wurden ausgewertet und eine Ist-Bilanz der Abfallmengen, Preise und deren Zusammensetzung erstellt. Dieser Ist-Stand wurde im Blick auf die nächsten zwölf Monate vom Kunden nach unten angepasst und dieser angepasste Ist-Stand als Basis definiert. Bei der Analyse der Rechnungen wurde festgestellt, dass die Kosten für die zusätzlichen Dienstleistungen, die in den vergangenen Jahren erbracht wurden, um einen siebenstelligen Betrag über den marktüblichen Preisen lagen. Nach einer Ausschreibung kamen drei Dienstleister in die engere Wahl für eine Neuvergabe.

Ergebnis: Nach Verhandlungen wurde mit dem bestehenden Dienstleister ein neuer Vertrag geschlossen unter Einbeziehung einer sechsstelligen Rückvergütung im Hinblick auf die zu teuer eingekauften Dienstleistungen der vergangenen Jahre. Die Einsparung (ohne Berücksichtigung der Rückerstattung) beträgt jährlich rund 188.000 € oder 45 %.

Fast wie die Benzinpreise an den Tankstellen ist der Entsorgungsmarkt ständig in Bewegung: Aufkäufe, Fusionierungen, Spezialisierungen auf Marktnischen, Bau immer größerer Entsorgungsanlagen und wachsender Wettbewerb können einen Entsorger, der preislich in einem Jahr an der Spitze lag, im nächsten Jahr ins Mittelfeld absinken lassen.

Bei manchen Kunden wurde in den letzten Jahren dreimal eine Optimierung durchgeführt, wobei die Kosten jedes Mal zwischen 15 und 25 % gesenkt werden konnten. Das zeigt: Auch wenn der Kostentrend gemessen an den Gebühren der öffentlichen Entsorger in den nächsten Jahren leicht steigend ist, lohnt sich eine regelmäßige Überprüfung der Entsorgungskosten.

Wichtige Fachbegriffe der Branche[2]

Abfall
Abfall sind alle beweglichen Dinge, die für ihren Besitzer den Nutzen verloren haben und die er loswerden will. Im Kreislaufwirtschafts- und Abfallgesetz wird nach Abfall zur Verwertung und Abfall zur Beseitigung unterschieden.

---

[2] Eine ausführliche Erklärung aller Begriffe aus der Abfallwirtschaft finden Sie in der Umweltdatenbank: www.umweltdatenbank.de

Abfälle zur Verwertung
Dies sind Abfälle, die durch Reparatur und Aufbereitung wiederverwendet werden können, z. B. alte Mobiltelefone, die stofflich recycelt werden.

Abfälle zur Beseitigung
Dies sind Abfälle, die aufgrund ihrer Beschaffenheit oder Umweltgefährdung nicht wieder verwendet oder verbrannt werden können.

AVV (Abfallverzeichnis-Verordnung)
Europäischer Abfallkatalog mit Schlüsselnummern für jede Abfallart zur Einstufung nach ihrer Überwachungsbedürftigkeit.

Drei Ziele der Abfallwirtschaft
Abfall vermeiden, Abfall verwerten und Abfall beseitigen.

eANV
Elektronisches Abfallnachweisverfahren – ein seit April 2010 vorgeschriebenes Verfahren für Entsorgungsnachweis, Transportbegleitschein und Registerführung für gefährliche Abfälle.

KrWG
Kreislaufwirtschaftsgesetz, ein Gesetz, das die drei Ziele der Abfallwirtschaft „Abfall vermeiden", „Abfall verwerten" und „Abfall beseitigen" regelt. Der Umweltschutz steht dabei im Mittelpunkt.

TASi (Technische Anleitung Siedlungsabfall)
Eine technische Anleitung zur Entsorgung von Siedlungsabfällen. Sie regelt unter anderem, welche Abfälle noch deponiert werden dürfen und welche nicht.

Zusammenfassung und Fazit

In den meisten Unternehmen genießt die Optimierung der Entsorgungskosten keinen besonders hohen Stellenwert. Trotzdem zählt sie aus unserer Projekterfahrung zu den am häufigsten optimierten Kostenbereichen quer durch alle Branchen.

Ist eine Sensibilisierung für dieses Thema erst einmal geschaffen, wird klar, dass hier auch größere Einsparungen in kürzester Zeit erzielt werden können, da für Entsorgung in den seltensten Fällen Laufzeitverträge bestehen. Ein Wechsel von Dienstleistern oder die Umstellung auf günstigere Abfallschlüssel, Behälter und Konditionen ist somit von einem Monat zum anderen möglich.

In einem Projekt wurde z. B. ein größeres Werk, bei dem für die Schlammentsorgung Hunderttausende von Euro im Jahr ausgegeben wurden, innerhalb eines Monats durch einen Dienstleisterwechsel optimiert. Der Kunde spart jährlich einen sechsstelligen Betrag, obwohl der technische Leiter der festen Überzeugung war, dass kein Einsparpotenzial bei der Entsorgung mehr besteht.

Hinzu kommt, dass in den meisten Fällen keine Dienstleisterwechsel erforderlich sind, da bestehende Dienstleister auf günstigere Konditionen einsteigen, wenn sie professionell in Wettbewerb gesetzt werden.

Facility-Management-Optimierung 8

Im Durchschnitt werden 15 bis 20 % der Gesamtkosten eines Unternehmens für Gebäude und Gebäudebewirtschaftung ausgegeben. In Krankenhäusern sind es sogar bis zu 30 %.

Gemäß dem FM-Branchenreport 2014 der German Facility Management Association (GEFMA) werden im Facility Management pro Jahr etwa 130 Mrd. € für Eigen- und Fremdleistungen ausgegeben.[1] Etwa jeder zehnte Arbeitnehmer in Deutschland arbeitet in einem oder mehreren Bereichen des Facility Managements, wobei ungefähr die Hälfte der FM-Dienstleistungen von Fremdpersonal erbracht wird.

Angelehnt an DIN 18960 (Nutzungskosten im Hochbau) und die DIN 32736 (Gebäudemanagement – Begriffe und Leistungen) sowie die europäische Norm DIN EN 15221-1 (Facility Management, Teil 1: Begriffe) zählen folgende drei grundlegende Kostenbereiche zum Facility Management:

- Infrastrukturelles Gebäudemanagement
- Technisches Gebäudemanagement
- Kaufmännisches Gebäudemanagement

---

[1] Quelle: http://www.gefma.de/branchenreport.html (Zugriffsdatum: 01.03.2015).

Zum infrastrukturellen Gebäudemanagement (IGM) gehören unter anderem Verpflegungs- und Hausmeisterdienste, Reinigungs- und Pflegedienste (inkl. Außenanlagendienste) sowie Sicherheitsdienste.

Zum technischen Gebäudemanagement (TGM) zählen alle Tätigkeiten, die zum Betreiben und Instandhalten von Gebäuden gehören –, auch Sanierungen und Modernisierungen sowie das Sammeln, Dokumentieren und Überwachen von Informationen zu Energiemanagement und Gewährleistungen.

Unter kaufmännisches Gebäudemanagement (KGM) fallen alle Beschaffungen und das Gebäudecontrolling –, also Kostenplanung und Kostenkontrolle, Vertragsverwaltung und Objektbuchhaltung, Abgaben und Gebühren sowie Gebäudeversicherungen und Kapitaldienste.

Das kaufmännische Gebäudemanagement wird in der Regel nicht extern ausgeschrieben und vergeben, damit ausreichend Kompetenzen im Hause des Auftraggebers verbleiben, um die Tätigkeiten und Dienstleister im infrastrukturellen und technischen Facility Management zu steuern und zu kontrollieren.

Oberste Ziele des Facility Managements sind nicht nur die Verwaltung von Gebäuden, deren Kostenkontrolle und Optimierung. Langfristig gilt es, auch den Lebenszyklus eines Gebäudes, dessen Werterhalt, seine Kapitalrentabilität und zunehmend auch die Arbeitsplatzgestaltung im Blick zu behalten.

Bei den Fremddienstleistern gibt es verschiedene Arten von Anbietern mit unterschiedlichen Schwerpunkten:

- Komplettanbieter, die mit eigenen Mitarbeitern und Partnerfirmen einen Full Service bieten
- Anbieter, die verschiedene Module aus den drei FM-Bereichen anbieten
- Einzelgewerkeanbieter, wie zum Beispiel Fahrstuhlhersteller, Energielieferanten und alle kleineren und lokalen Handwerksbetriebe

Die Tendenz am Markt auf Dienstleister- und Einkäuferseite geht hin zur Konzentration von Tätigkeiten. Die Einkäufer, welche im Laufe der Jahre ein größeres Arbeitspensum in kürzerer Zeit bewältigen müssen, wollen die Zahl der Ausschreibungen und Ansprechpartner reduzieren. Parallel dazu stellen sich die Anbieter auf diesen Trend ein und konsolidieren durch Firmenübernahmen, Zusammenschlüsse und Arbeitsgemeinschaften. Dabei entsteht ein zunehmender Verdrängungswettbewerb.

Trends in den nächsten fünf Jahren werden vor allem Gebäudezertifizierungen für nachhaltigen Werterhalt sein und effizienteres Umgehen mit Energie und anderen Ressourcen.

In den folgenden Abschnitten werden das technische Gebäudemanagement und aus dem infrastrukturellen Gebäudemanagement die beiden großen Bereiche „Reinigung" und „Bewachung" näher betrachtet. Die Themenfelder „Entsorgung" und „Energie" wurden bereits in separaten Kapiteln dieses Buches behandelt.

Reinigung

Markthintergrund
Der Markt für Reinigungsdienstleistungen ist ein zunehmender Verdrängungsmarkt auf Kosten der Qualität. Große FM-Dienstleister versuchen, Unternehmen zu übergreifenden Ausschreibungen mehrerer FM-Dienstleistungen zu bewegen, worauf viele regionale Reinigungsdienstleister nicht reagieren können.

Reinigungsdienstleister bieten vermehrt Reinigungspreise an, die an einem guten Reinigungsergebnis zweifeln lassen –, vor allem in öffentlichen Ausschreibungen, in denen eine Nachverhandlung von Preisen ausgeschlossen ist. Das große Heer der kleinen Reinigungsunternehmen ist in den lokalen Innungen organisiert und versucht über persönliche Beziehungen ihr Geschäft zu machen.

Der Reinigungsmarkt ist gekennzeichnet von einigen bundesweiten Reinigungsunternehmen und Komplettanbietern für infrastrukturelles Facility Management, die mit Angeboten für mehrere Standorte größerer mittelständischer Unternehmen, ausgezeichneten Reinigungstechnikern und professionellen Präsentationen punkten. Hinzu kommen unzählige regionale Reinigungsunternehmen, die mit individueller Betreuung, flexiblen Zusatzdienstleistungen und verlässlichem Stammpersonal Kunden gewinnen und halten.

Kundenrelevanz
Bei jedem privatwirtschaftlichen oder öffentlichen Unternehmen, das mehr als zwei ständige Reinigungskräfte beschäftigt oder mehr als 20.000 € für Unterhalts- und Glasreinigung im Jahr ausgibt, lohnt sich eine Analyse der Qualität und Kosten in der Reinigung.

Besonders interessant ist eine Optimierung für produzierende Unternehmen mit hohem Staubanfall (z. B. die Papier- und Metallindustrie), für Unternehmen mit Verwaltungsgebäuden bis hin zu Krankenhäusern. Diese bezahlen erfahrungsgemäß die höchsten Reinigungskosten pro Quadratmeter.

Ersparnispotenzial
Wesentliche Voraussetzung für den Erfolg eines Optimierungsprojektes ist, dass die Qualität der Reinigung nachweislich auf dem Qualitätsniveau vor der Optimierung oder darüber liegt.

Als Beispiel sei hier ein Unternehmen aus der Papierindustrie in Niedersachsen genannt, das die Reinigungszyklen reduziert und Kosten eingespart hat. Im Rahmen der Optimierung wurden die Reinigungen pro Woche wieder erhöht, um Schäden am Objekt zu vermeiden und die Zufriedenheit der Nutzer zu verbessern. Trotz erhöhter Reinigungsleistungen wurde eine Kostensenkung von fast 25 % erreicht.

Unter Berücksichtigung der Qualitätsansprüche sind Einsparungen zwischen 15 und 25 % üblich. Teilweise liegen die Ersparnisse auch darüber. Im Folgenden zwei Beispiele aus der Praxis:

> **Beispiel**

Kunde: Versicherungsunternehmen mit Verwaltungsgebäuden in drei Großstädten.

Aufgabe: Die Unterhaltsreinigungskosten des Kunden sollten ohne Qualitätseinbußen optimiert werden. Dabei sollte berücksichtigt werden, dass es wechselseitige Geschäftsbeziehungen mit den bestehenden Dienstleistern gab.

Ergebnis: Drei Experten verschafften sich zunächst eine fundierte Standortdatenbasis und optimierten die Leistungsverzeichnisse. In Abstimmung mit dem Kunden wurden anschließend Ausschreibungen durchgeführt und die Umsetzung mit den ausgewählten Dienstleistern begleitet.

Ersparnis: Alle vier bestehenden Reinigungsunternehmen wurden gehalten. Ohne Qualitätseinbußen konnte eine Einsparung von 19 % oder rund 204.000 € pro Jahr erzielt werden.

> **Beispiel**

Kunde: Distributionszentrum in Nordrhein-Westfalen.

Aufgabe: Die Reinigungskosten von Verwaltungssozialgebäuden und Lagerhallen, die weiträumig verteilt auf einem zusammenhängenden Betriebsgelände liegen, sollten ohne Qualitätseinbußen optimiert werden. Dazu gehörten auch Aufgaben wie Außen- und Dachreinigung sowie Abfallsammlung auf dem Betriebsgelände.

Ergebnis: Mehrere Meipor-Experten prüften alle bestehenden Raumbücher, Leistungsverzeichnisse, Verträge und Pläne, aktualisierten und vereinheitlichten sie, um anschließend eine umfassende Ausschreibung mit digitalen Medien durchzuführen. Anhand der Auswertung und Empfehlung wurden mit drei Dienstleistern Gespräche geführt und Verhandlungen begleitet.

Ersparnis: Der Kunde entschied sich für einen Dienstleister, mit dem er eine Einsparung von 21 % oder 166.000 € umsetzen konnte. Die Einarbeitung und Verbesserungsvorschläge des neuen Dienstleisters wurden über ein Jahr lang von einem Experten begleitet und kontrolliert.

Durch die Tarifverhandlungen in den letzten Jahren sind die Tariflöhne für die Mitarbeiter und Mitarbeiterinnen in der Reinigungsbranche fast jedes Jahr gestiegen. Dieser Effekt hat die Reinigungskosten von Unternehmen in den letzten fünf Jahren ohne Mehrleistungen um mehr als 10% steigen lassen.

Bewachung

Markthintergrund
Der Bewachungsmarkt in Deutschland ist vielfältig. Es gibt Unternehmen mit Pforte, eigener Überwachungszentrale oder Aufschaltung auf externe Notrufzentralen. Zum Leistungsspektrum zählen Videoüberwachung, Streifendienst, Kontrollen von einzelnen Gebäuden bis hin zu Sicherheitskontrollen an Flughäfen oder Bewachung von Atomkraftwerken. Daneben gibt es die Bereiche der Sicherheitstransporte (Geldtransporte oder besondere Kuriere) und des Personenschutzes.

Die Technik wird ständig verbessert. Die Sicherheitsanbieter liefern ein breites Spektrum von hochauflösenden oder speziellen Kameras für Nacht- oder Wärmebilder, elektronische Kontrollpunkte zur lückenlosen Dokumentation der Gebäudekontrolle und zuverlässige Zugangskontrollen bis hin zu biometrischer Identifikation durch verschiedene Scan-Technologien.

Der Objekt- und Wachschutz hat mit knapp 40% den größten Leistungsanteil an Bewachungsdienstleistungen. Es folgen Flughafensicherheit mit 12,5%, Empfangsdienste mit 8,2% sowie Revier- und Streifendienste mit 6,1%. Alle anderen Services liegen unterhalb von 5 %.[2] Die größten 15 Bewachungsdienstleister in Deutschland wachsen jährlich um über 5 %. Jährlich werden etwa 5 bis 10 % mehr Sicherheitsdienstleistungen outgesourct. Selbst Aufgaben, die vor Jahren noch der Polizei vorbehalten waren, werden zunehmend an private Sicherheitsdienste vergeben.

Es gibt zwar den BDSW (Bundesverband der Sicherheitswirtschaft), in dem fast 900 Unternehmen mit über 100.000 Beschäftigten organisiert sind, aber grundsätzlich kann jeder, der einen 40- oder 80-stündigen Fachkurs besucht hat, ein Sicherheitsgewerbe in Deutschland eröffnen.

Insgesamt erwirtschafteten 2013 etwa 185.000 Mitarbeiter einen Umsatz von 5,2 Mrd. €.[3] Fast ein Drittel der im Sicherheitsgewerbe Beschäftigten sind nicht sozialversicherungspflichtige, geringfügig beschäftigte Arbeitnehmer. Die Fluktuationsrate unter allen Beschäftigten ist aufgrund der niedrigen Entlohnung und der ungünstigen Arbeitszeiten sehr hoch.

Durch die niedrige Eintrittsschwelle in den Bewachungsmarkt ist das Firmenspektrum sehr breit. Von der Einzelfirma mit Spezialisierung auf einen Ort oder eine Marktnische bis hin zu bundes- oder sogar weltweit tätigen Firmen und FM-Riesen mit ihren Full-Service-Angeboten im infrastrukturellen und technischen Facility Management ist alles vorhanden. Zu den größten Unternehmen in Deutschland gehören mehrere Wach- und Schließgesellschaften, darunter Securitas, Kötter, WISAG, Pond, W.I.S., Dussmann, Klüh und Piepenbrock. Die Niedersächsische Wach- und Schließgesellschaft ist das älteste Bewachungsunternehmen Deutschlands.

Der Verdrängungswettbewerb findet fast ausschließlich über den Preis statt. Um Kunden zu gewinnen oder zu halten, wurden die

---

[2] Quelle: http://luenendonk.de/pressefeed/neu-lunendonk®-marktsegmentstudie-2012-„fuhrende-sicherheitsdienstleister-in-deutschland" (Zugriffsdatum: 01.03.2015).

[3] Siehe http://www.bdsw.de/cms/index.php?option=com_content&task=blogcategory&id=18&Itemid=50. (Zugriffsdatum: 01.03.2015).

Tariferhöhungen im Bewachungsgewerbe der letzten Jahre nur teilweise an Kunden weitergegeben, sodass sich der Preisdruck gegenwärtig noch weiter erhöht. Neu gegründete Bewachungsunternehmen haben lediglich eine Chance von 40 %, die ersten vier Jahre zu überleben. Größtenteils werden sie mitsamt den gewonnenen Kunden in den ersten Jahren von größeren Bewachungsunternehmen geschluckt.

Kundenrelevanz
Industrieunternehmen sind mit Abstand die größten und wichtigsten Kunden, gefolgt vom öffentlichen Dienst, dem Verkehr und von Logistikunternehmen. Kostenoptimierungen mit externer Hilfe sind bei Unternehmen ab einem Ausgabenblock von 20.000 € pro Jahr für Sicherheit und Bewachung sinnvoll.

Ersparnispotenzial
Bei Preisvergleichen sollte unbedingt darauf geachtet werden, dass an die Mitarbeiter mindestens Tariflöhne gezahlt werden, um die Fluktuationen beim Personal so gering wie möglich zu halten.

Die eleganteste Lösung in der Kostenoptimierung ist meistens die professionelle Nachverhandlung mit den bestehenden Dienstleistern. Hierbei können im Durchschnitt 5 bis 10 % der Kosten ohne Leistungsminderung eingespart werden. Bei aufwendigeren Ausschreibungen sind hingegen rund 10 bis 15 % Kostenreduktion möglich. Im Folgenden zwei Beispiele aus der Praxis:

> **Beispiel**
> **Kunde:** Elektrotechnikhersteller in Baden-Württemberg.
> **Aufgabe:** Kostensenkung in mehreren Kostenfeldern, darunter auch für die Bewachung. Erstellen aller Unterlagen und Durchführen einer Ausschreibung. Auswerten der Ergebnisse und Verhandlung mit den Dienstleistern.
> **Ergebnis:** Die Ausschreibung konnte erfolgreich umgesetzt werden und führte zu einer deutlichen Kostenreduktion. Dabei

wurden auch Synergieeffekte mit anderen angebotenen Dienstleistungen berücksichtigt.

Ersparnis: Der Kunde erzielte eine Kostenersparnis von 17 % bzw. 30.000 € pro Jahr im Vergleich zum bisherigen Dienstleister.

> **Beispiel**
> **Kunde:** Großhandel in Bayern mit mehreren Standorten.
> **Aufgabe:** Kostensenkung in mehreren Kostenkategorien ohne Qualitätsverlust. Mitarbeiter der Bewachungsfirma sollen zum Teil über Tarif bezahlt werden, um Fluktuationen zu vermeiden und Arbeitsplätze zu sichern. Optimierung von bestehenden Pflichtenheften und Durchführung einer Ausschreibung, Begleitung bei Verhandlungen und Umsetzung der Ergebnisse.
> **Ergebnis:** Es konnten an mehreren Standorten Kostensenkungen zwischen 10 und 22 % pro Jahr realisiert werden.
> **Ersparnis:** Über alle Standorte hinweg erzielte der Kunde eine durchschnittliche Kostensenkung von 12 % oder 80.000 € pro Jahr ohne Qualitätsverlust.

Ähnlich wie in anderen FM-Bereichen werden auch im Sicherheitsgewerbe die Tariflöhne ständig steigen. Die Tendenz zu vermehrtem Bedarf an privaten Sicherheitsdiensten ist aus mehreren Gründen ungebrochen. Zum einen führt steigende Kriminalität zu einem sinkenden Sicherheitsgefühl und vermehrter Angst. Zum anderen werden im Zuge der Besinnung der Polizei auf ihre Kernkompetenzen und der knappen öffentlichen Budgets immer mehr Aufgaben aus öffentlicher Hand in die Hände von privaten Sicherheitsunternehmen gelegt.

Technisches Facility Management

Markthintergrund
Wie schon in der Einleitung beschrieben, entwickelt sich der Markt auch im technischen Facility Management immer mehr hin

zu Dienstleistern, die so viele FM-Dienstleistungen wie möglich anbieten. Dienstleistungen, die nicht selbst erbracht werden können, kaufen die Dienstleister hinzu, um im Verdrängungswettbewerb bestehen zu können.

Am Markt herrscht gegenwärtig ein sogenannter Käufermarkt. Das bedeutet, dass Kunden die erforderlichen FM-Leistungen bei vergleichsweise hoher Qualität zu günstigen Preisen bekommen. Die Umsetzung von Kosteneinsparungen ist somit ein gut realisierbares Ziel.

Für eine gute Qualität sollte geprüft werden, wie hoch der Anteil der Gewerke im technischen FM ist, die von einem Anbieter in Eigenleistung erbracht werden können. Je genauer die einzelnen geforderten Dienstleistungen beschrieben sind, je aussagekräftiger Referenzen von Dienstleistern an den jeweiligen Standorten sind und je besser die Erreichbarkeit der wichtigen Ansprechpartner bei einem Dienstleister für technisches FM ist, desto besser sind die Chancen, eine gute Qualität zu erhalten. Sehr zu empfehlen sind hierfür spezielle Erfassungsbögen und Ausschreibungsmatrixen.

Kundenrelevanz
Interessant ist eine Optimierung des technischen Facility Managements vor allem für Unternehmen, die pro Jahr mindestens 100.000 € in diesem Segment ausgeben. Die Branche des Unternehmens ist dabei zweitrangig.

Neben der Kostenersparnis können auf diesem Weg Mitarbeiter entlastet und eine bessere Fokussierung auf das Kerngeschäft ermöglicht werden. Voraussetzung ist bei der Dienstleisterauswahl das Vermeiden von unnötigem Verwaltungsaufwand durch zu viele Verträge und Dienstleister.

Ersparnispotenzial
In acht von zehn Projekten, bei denen von Leistungserbringung mit eigenem Personal auf externes Personal umgestellt wurde, konnte eine Kostenersparnis von 10 bis 45 % erreicht werden – bezogen auf die bestehenden Kosten der Eigenleistungen bei nicht optimier-

tem Gebäudebetrieb. Aber auch bei Vergleichen zwischen externen Dienstleistern sind Einsparungen bis zu 20 % durchaus ohne Qualitätsverlust erreichbar.

Bevor Leistungen outgesourct werden können, ist eine Analyse der bestehenden Aufbau- und Ablauforganisation erforderlich, um die Leistungen anhand der Geschäftsprozesse mit allen erforderlichen Details abzugrenzen. Hilfreich dafür sind Mustergeschäftsprozesse und ausführliche Checklisten, die viel Zeit sparen helfen.

Sowohl massenbezogene Ausschreibungen als auch funktionale Ausschreibungen haben ihre Vor- und Nachteile. Deshalb ist eine gute Mischung mit abgrenzbaren Details und Spielraum für ergebnisorientierte Tätigkeiten zu empfehlen, bei der die Qualitäten der Leistungserbringung funktional beschrieben und die zur Leistungsberechnung erforderlichen Massen beschrieben sind. Die Maxime lautet: „So funktional wie möglich und so massenbezogen wie nötig."

Manchmal sind Vergabeunterlagen, in denen Massen und Leistungen (z. B. Wartungspläne von Herstellern) übergenau beschrieben sind, ein Zeichen von Unsicherheit bei der Vergabe, Steuerung und Kontrolle von Dienstleistern.

Im Folgenden finden Sie zwei Optimierungsbeispiele aus der Praxis:

> **Beispiel**
> **Kunde:** Pharmazeutisches Unternehmen aus Baden-Württemberg.
> **Aufgabe:** Ausschreibung des technischen Facility Managements mit Abgrenzung zu bisherigen Eigenleistungen. Nach Aufnahme der Daten, Analyse und Erstellung eines Betriebskonzeptes wurde eine Ausschreibung durchgeführt und der Kunde bei Verhandlungen und Vertragsabschluss unterstützt und während der Umsetzung begleitet.
> **Ergebnis:** Für den Kunden konnte eine nachhaltige, zweistellige Ersparnis ohne einen Verlust an Qualität und Service realisiert werden.

Ersparnis: Die jährliche Einsparung liegt bei 15 % bzw. rund 210.000 € gegenüber den bisherigen Kosten.

> **Beispiel**
> **Kunde:** Bank in den neuen Bundesländern.
> **Aufgabe:** Ausschreibung des technischen Facility Managements unter Einbeziehung der internen Organisationsstruktur und Eigenleistungen.
> **Ergebnis:** Nach Analyse der Daten wurde ein Ausschreibungskonzept und eine Ausschreibung erstellt, die im Ergebnis für eine zweistellige prozentuale Einsparung beim Kunden sorgte.
> **Ersparnis:** Die jährliche Einsparung liegt bei 12 % bzw. 88.000 € im Vergleich zu den bisherigen Kosten.

Trotz zunehmender Komplexität und Technisierung sind die Preise am Markt stagnierend und in dicht besiedelten Gebieten sogar leicht rückläufig aufgrund des Verdrängungswettbewerbs. Das erfordert eine gewisse Vorsicht, denn die Marktpreise liegen teilweise deutlich unter den notwendigen Kosten für qualitativ auskömmliche Leistungen.

Wichtige Fachbegriffe der Branche[4]

Best Practice
Ein Begriff aus dem Benchmarking-Prozess. Die Produkte oder Dienstleistungen, die auf dem Markt angeboten werden, werden durch einheitliche Qualitätskriterien miteinander verglichen, um das Beste innerhalb einer Kategorie zu bestimmen. Diese Zahl ist

---

[4] Zur Erstellung dieser Fachbegriffsübersicht wurden unter anderem die Online-Quellen www.gebaeudemanagement-glossar.de, http://community.ifma.org/fmpedia/w/fmpedia/default.aspx und http://www.gefma.de/richtlinien.html herangezogen (Zugriffsdatum: 01.03.2015).

der Best-Practice-Referenzwert. Wenn ein Unternehmen nach Best Practice vorgeht, setzt es bewährte Verfahren, technische Systeme und Geschäftsprozesse ein.

Betreiberkonzept
Ein Betreiberkonzept ist ein ganzheitliches Konzept zur Bewirtschaftung und zum Betrieb eines Gebäudes einschließlich der Anlagen und den damit zusammenhängenden Objekten. Ein effizientes Betreiberkonzept führt zu Transparenz der Arbeitsprozesse und Kosten, zur Minimierung des Betreiberrisikos sowie zu einer Steigerung der Qualität.

Bodenbeschichtung
Auftragen einer Schutzschicht auf vorgereinigte Hartböden im Rahmen der Unterhaltsreinigung oder nach einer Grundreinigung. Im Allgemeinen handelt es sich um Kunststoffdispersionen.

CAFM-System
CAFM-System steht für „Computer-Aided-Facility-Management-System" und ist ein DV-gestütztes Gebäudeinformationssystem zur strategischen und operativen Verwaltung der Gebäudedienstleistungen. Der Kern eines CAFM-Systems sind prozessorientierte Auftrags- und Rechnungsstellung auf der Grundlage einer Datenbank und eines integrierten CAD-Systems.

DIN 32736
Deutsche Norm, die Begriffe aus dem Facility Management definiert und die Leistungen des Gebäudemanagements beschreibt. Sie dient dem einheitlichen Sprachgebrauch und der Strukturierung von Leistungen.

Eigenleistungstiefe
Der Anteil von Dienstleistungen, den ein Unternehmen mit eigenem Personal erbringt.

EnEV 2007
Die Energieeinsparverordnung EnEV ist ein Teil des deutschen Baurechts und enthält Standardanforderungen zum effizienten Betriebsenergieverbrauch für Wohngebäude, Bürogebäude und gewisse Betriebsgebäude. Die Energieeinsparverordnung löste die Wärmeschutzverordnung (WSchV) und die Heizungsanlagenverordnung (HeizAnlV) ab und fasste sie zusammen. Zur Umsetzung der EU-Richtlinie über die Gesamtenergieeffizienz von Gebäuden wurde eine Neufassung erstellt, die seit dem 1. Oktober 2007 gültig ist.

Ergebnisorientierte Reinigung
Ein sehr effizientes Reinigungssystem, bei dem der Kunde das gewünschte Ergebnis der Reinigung festlegt. Anstelle von Leistungsverzeichnissen tritt der erkennbare Reinigungsbedarf. Die eingesetzten Reinigungskräfte werden für die ergebnisorientierte Reinigung speziell trainiert und arbeiten nach dem Prinzip des geschulten Blicks. Der Mitarbeiter kontrolliert die zu reinigenden Bereiche und entscheidet vor Ort, was wann gereinigt werden muss. Ausgenommen hiervon sind die tägliche Reinigung der Sanitärbereiche und die Müllentsorgung in den Bürobereichen.

Facility Management[5]
Facility Management ist Gebäudemanagement, das interne Serviceleistungen integrativ und ganzheitlich betrachtet, die das Anlagevermögen eines Unternehmens betreffen. Facility Management beschäftigt sich mit der Zweckmäßigkeit und Wirtschaftlichkeit von Gebäuden und Anlagen über deren gesamte Lebensdauer hinweg. Ziel ist es, Gebäude und Anlagen auf die dort arbeitenden Menschen und die betrieblichen Bedürfnisse einzustellen, um eine höchstmögliche Wertschöpfung aus dem Zusammenwirken sämtlicher Ressourcen eines Unternehmens zu erreichen.

---

[5] Quelle: http://wirtschaftslexikon.gabler.de/Archiv/127658/facility-management-v3.html (Zugriffsdatum: 01.03.2015).

Wichtige Fachbegriffe der Branche

Flächenmanagement
Unter Flächenmanagement versteht man die Bestandsführung der Flächen und deren Belegung sowie die Optimierung der wirtschaftlichen Nutzung dieser Flächen, u. a. Umzugsmanagement, Möblierung von Flächen, Verwaltung von Möbeln und Ausstattungen.

GEFMA
GEFMA steht für German Facility Management Association bzw. Deutscher Verband für Facility Management e. V.

Grundreinigung
Die Entfernung von Pflegefilmen auf harten Bodenbelägen, auch Bodenentschichtung genannt, und hartnäckigen Verschmutzungen bzw. Reinigung von Bereichen, die nicht in der laufenden Reinigung (Unterhaltsreinigung) gepflegt werden. Eine Grundreinigung als Sonderreinigung kann überflüssig werden, wenn für die Unterhaltsreinigung eine funktionale Zielvereinbarung getroffen wurde.

HLSK
HLSK steht für Heizung, Lüftung, Sanitär und Kälte (Klima) – vier der haustechnischen Systeme, die durch ein ganzheitliches technisches Management betreut werden. Leistungen werden so organisiert, dass einzelne Arbeitsprozesse gebündelt werden und Synergien entstehen können.

IFMA
IFMA steht für International Facility Management Association bzw. Internationaler Verband für Facility Management. IFMA ist der größte anerkannte Fachverband für Facility Management mit mehr als 18.500 Mitgliedern. Die Verbandsstruktur umfasst 125 Ortsverbände und 15 Beiräte in 60 Ländern weltweit.

Instandhaltung
Oberbegriff für Wartung, Prüfmanagement, Instandsetzung und Verbesserung von Bauteilen und Betriebsmitteln der technischen Anlagen und Systeme eines Gebäudes (nach DIN 31051).

Kalkulationsdatei
Datei, die auf mehreren Tabellenblättern Raumbücher und Matrixen mit Formeln enthält, um die Preisermittlung und Vergleichbarkeit, z. B. in der Gebäudereinigung, zu vereinfachen.

Kontroll- und Streifendienst
Eine Sicherheitsdienstleistung, die manuelle Kontrolle/Überprüfung gefährdeter Objekte, Anlagen, Bereiche und Einrichtungen im vertraglich vereinbarten Rhythmus, i. d. R. unter Einsatz eines elektronischen Wächterkontrollsystems, beinhaltet. Die Kontrollen erfolgen überwiegend zu Fuß oder auch mit dem Kfz.

Lebenszyklus
Immobilien unterliegen einem Lebenszyklus, der mit Produktlebenszyklen vergleichbar ist, sich jedoch in seiner Länge erheblich von diesen unterscheiden kann. Er besteht aus vier Hauptphasen: die Planung, die Realisierung, die Nutzung, die im gesamten Lebenszyklus den längsten Zeitraum einnimmt, und schließlich die Verwertungsphase (z. B. Verkauf oder Abriss).

MSR
Mess-, Steuer- und Regeltechniksysteme, die in einem ganzheitlichen Prozess Gebäudetechnik bündeln und betreuen.

Notruf- und Serviceleitstelle
Gesicherter, ständig besetzter Bereich eines Wach- und Sicherheitsunternehmens, in dem Alarmempfangseinrichtungen (AE) für Gefahrenmeldungen betrieben werden und von dem aus Interventionen eingeleitet, überwacht und dokumentiert werden.

Objektleiter
Mitarbeiter mit hoher Personal- und Objektverantwortung. Organisiert FM-Dienstleistungen technisch und personell beim Kunden. Er oder sie übernimmt die Verantwortung für einen oder mehrere Standorte und stellt die Kommunikationsschnittstelle zwischen Kunde und Dienstleister her. Zu der Aufgabe gehört die Weiterentwicklung und Umsetzung des Betriebskonzepts, die Überwachung der Leistungserbringung, Beschaffung und Einsatzplanung der Ressourcen sowie Schulung und Unterweisung.

Qualitätsmanagement
Das Qualitätsmanagement legt die Maßnahmen zur Erreichung der erforderlichen Produkt- oder Dienstleistungsqualität fest. Es umfasst Ziele, Verfahren und Verantwortung, Prüfverfahren, den Vorgang bei festgestellten Fehlern und Schulung des Personals in der Qualitätssicherung.

Raumbuch
Verzeichnis von Flächen und Räumen eines Gebäudes mit Nutzungsdaten, z. B. Grund- und Fensterflächen, Raumgruppe, Anzahl der Raumnutzer, Reinigungshäufigkeit, Bodenbelag usw.

Reinräume
Reinräume sind Räume, die staubpartikelarm oder staubpartikelfrei sind, z. B. in Krankenhäusern, Laboren, Lebensmittel- oder der Prozessorenherstellung. Reinräume sind nach ISO 14644 in Klassen eingeteilt.

Sicherheitsdatenblatt
Ein Sicherheitsdatenblatt liegt jedem Reinigungs- und Pflegemittel bei. Es ist dazu bestimmt, dem Verwender notwendige Daten und Umgangsempfehlungen zu vermitteln, um die für den Gesundheitsschutz, die Sicherheit am Arbeitsplatz und den Schutz der Umwelt erforderlichen Maßnahmen treffen zu können.

USV-Anlage
USV steht für unterbrechungsfreie Stromversorgung. Störungen oder Unterbrechungen in der Stromversorgung können zu Datenverlusten führen, daher ist eine USV-Anlage ein wichtiger Teil von Computeranlagen. Sie filtert die Netzspannung und schützt vor Unterspannung, aber auch vor Spannungsspitzen. Falls es einen kompletten Netzausfall gibt, erlaubt die USV-Anlage, die mit Akkumulatoren arbeitet, dem Anwender genügend Zeit, um Arbeiten abzuschließen und Geräte korrekt auszuschalten. Einsatzgebiete sind z. B. Server, Telefonanlagen, Notbeleuchtung, Alarmanlagen, Überwachungssysteme und Gebäudeautomatik.

VDE
Verband Deutscher Elektroingenieure. Einer der großen europäischen Verbände für Branchen und Berufe der Elektro- und Informationstechnik. Eine internationale Expertenplattform für Wissenschaft, Normung und Produktprüfung.

Zusammenfassung und Fazit

Sowohl die externe Vergabe als auch die Optimierung von bereits extern vergebenen FM-Dienstleistungen ist generell sehr empfehlenswert. Durch die Wettbewerbssituation am Markt können die Leistungen kostengünstig eingekauft werden. Um das Risiko von Qualitätseinbußen und im technischen Gebäudemanagement Substanzverschlechterungen an den Anlagen und Bauteilen zu vermeiden, sollte der Auftraggeber mit guten FM-Verträgen entgegenwirken und keinen Vertragsentwurf von externen Dienstleistern benutzen.

Auf der Managementebene bedeutet dies einen erheblichen Mehraufwand des Auftraggebers beim Dienstleister-Controlling. Daher ist zu empfehlen, dass die Ausschreibung von FM-Dienstleistungen sorgfältig vorbereitet, geplant und umgesetzt wird. Die

Zusammenfassung und Fazit

Hinzuziehung eines neutralen Partners aus der Beratung realisiert im Regelfall den gewünschten Erfolg, sodass sich fast alle betrieblichen Besonderheiten durch eine gute Vertragsgestaltung mit geringen Risiken regeln lassen.

Aufgrund der vielen Abhängigkeiten, des lang laufenden Vertrages und der unterschiedlichen Dienstleistungsarten sollte ein professioneller Outsourcing-Vertrag nebst allen Anlagen aufgrund von Erfahrungen aus Vergaben, Leistungsaudits und Gutachten resultieren. Dies ist ein entscheidender Vorteil des Auftraggebers gegenüber den Dienstleistern.

Wenn genügend Zeit vorhanden ist, liefert bei Ausschreibungen ein vorgeschalteter Teilnehmerwettbewerb wichtige Fakten über Qualität, Performance und die Leistungsfähigkeit zukünftiger Dienstleister.

Büromaterialoptimierung 9

Hinter dem Begriff „Büromaterial" können sich eine ganze Reihe von Gemeinkosten verbergen, die man auf den ersten Blick nicht dort ansiedeln würde. Die folgenden Warengruppen gehören in jedem Fall dazu:

- Catering
- Drucken
- Hygiene
- Kleben
- Kopierpapiere
- Ordnen
- Präsentationstechnik
- Schreibblöcke
- Schreiben
- Sortieren
- Versenden

Schon an dieser Auflistung lässt sich erkennen, dass dieser im Gemeinkosteneinkauf gerne vernachlässigte Bereich ein gewisses Einsparpotenzial bietet. Je nach Größe und Geschäftsfeld eines Unternehmens sind Jahreskosten im hohen fünfstelligen oder sogar im sechsstelligen Bereich keine Seltenheit.

Noch deutlich interessanter sind in diesem Zusammenhang die mit der Beschaffung verbundenen Prozesskosten. Laut der Umfrage „TOP-Kennzahlen im Einkauf 2014"[1] des Bundesverbands Materialwirtschaft, Einkauf und Logistik e. V. (BME) entstehen hier durchschnittlich pro Bestellung 92 € an reinen Prozesskosten. In Relation zum tatsächlichen Warenwert einer Büromaterialbestellung stellt dies oftmals ein extremes Missverhältnis dar.

Es bleibt also festzuhalten, dass eine Büromaterialoptimierung durchaus sinnvoll ist. Addiert man das Potenzial in den Bereichen „Direkte Kosten" und „Prozesskosten", geht es um ein ordentliches Einsparpotenzial, das sich mit relativ wenig Aufwand (und im Gegensatz zu vielen anderen Kostenfeldern) kurzfristig realisieren lässt.

Markthintergrund

Als Kunde gibt es heute drei grundlegende Ansätze für den Einkauf des Büromaterialbedarfs. Die Beschaffung kann bei einem Global Player, einem Katalog- und Internetanbieter oder einem Fachhändler erfolgen. Jeder dieser Marktteilnehmer hat bestimmte Vor- und Nachteile:

Global Player
Der große Vorteil eines Global Players ist, dass er ein Unternehmen weltweit bedienen kann und entsprechend global aufgestellten und zentral gesteuerten Firmen eine gute Organisationsstruktur bietet. Allerdings gibt es häufig nur ein eingeschränktes Artikelsortiment von ca. 3000 Artikeln und wenig fachliche Beratung.

---

[1] Quelle: http://www.bme.de/TOP-Kennzahlen-im-Einkauf-2013.top-kennzahlen-im-einkauf.0.html (Zugriffsdatum: 01.03.2015).

Katalog- und Internetanbieter
Die Katalog- und Internetanbieter agieren stark über standardisierte Prozesse und haben ihr Geschäft auf Masse ausgelegt. Individuelle Kundenwünsche und eine globale Belieferung sind in der Regel nicht möglich. Mit einem Angebot zwischen 5000 und 20.000 Artikeln bieten diese Marktteilnehmer ein größeres Sortiment als die Global Player. Fachliche Beratung findet nicht direkt statt, aber mit Anleitungen und Videos soll diese Lücke geschlossen werden.

Bürofachhändler
Der große Vorteil von klassischen Bürofachhändlern liegt in der großen Angebotspalette von bis zu 200.000 Artikeln, den oftmals persönlichen Ansprechpartnern, die langfristig im Unternehmen sind, und der Bereitschaft, auf individuelle Kundenwünsche einzugehen. Allerdings gibt es hier große Unterschiede in der Qualität. Während manche Fachhändler oder Fachhandelsallianzen sehr gut aufgestellt sind und neben den persönlichen Vorteilen auch Prozesse und Logistik im Griff haben, sind andere Fachhändler einfach zu klein und zu unprofessionell aufgestellt.

Ersparnispotenzial

Pauschal gesagt liegt das Ersparnispotenzial bei den reinen Beschaffungskosten zwischen 10 und 30 %. Je länger das Segment nicht optimiert wurde, desto höher ist in der Regel das Potenzial. Obwohl alle Marktteilnehmer (mit Ausnahme der Kleinfachhändler) in Europa zu relativ identischen Konditionen einkaufen, ist die Strategie doch recht unterschiedlich:

Die Global Player machen bei Ausschreibungen im ersten Schritt oft sehr aggressive Preise. Allerdings sollte man als Kunde darauf achten, dass man sowohl auf das ausgeschriebene Sortiment (Stichwort: Markenprodukte) als auch auf die Preise selbst eine Bindung von mindestens einem Jahr bekommt. Die hohen Margen, welche die Global Player nach wie vor verdienen, legen nämlich den Schluss nahe, dass die Kampfpreise der Ausschreibung nicht endlos lange Bestand haben.

Die Katalog- und Internetanbieter verkaufen zwar nach Außen über den Preis, aber jeder hat hier eine Mischkalkulation mit ein paar günstigen und ein paar teuren Produkten, die sich von Anbieter zu Anbieter durchaus unterscheiden können. Mit Cherry Picking kann man zwar an dieser Stelle durchaus sparen, treibt aber dadurch die Prozesskosten in die Höhe.

Die größeren Bürofachhändler und Fachhandelsketten kaufen in Europa zu ähnlich guten Konditionen ein, wie die Global Player und die Katalog- und Internetanbieter. Sie sind preislich somit durchaus wettbewerbsfähig. Zusätzlich kann man als Kunde hier einiges an geldwerten Vorteilen bekommen, z. B. dass der Fachhändler den Jahresbedarf eines Kunden bei sich am Lager vorhält und bei Bedarf kurzfristig anliefert.

Bevor wir uns dem Thema der Prozesskostenoptimierung in der Büromaterialbeschaffung zuwenden, wollen wir zunächst ein paar reale Beispiele für Büromaterialoptimierungen zeigen:

Beispiel

Kunde: Börsennotierte Beteiligungsgesellschaft.

Aufgabe: Ziel des Kunden war eine Kostenüberprüfung für sein klassisches Büromaterial mit dem Ziel der Kostensenkung. Die Qualität der Produkte und die jeweiligen Servicelevel sollten dabei gehalten oder verbessert werden.

Ergebnis: Alle gewünschten Vorgaben im Bezug auf Qualität und Service konnten umgesetzt und dabei die Kosten um 20 % reduziert werden.

Ersparnis: Die jährliche Ersparnis für den Kunden liegt bei rund 18.000 €.

> **Beispiel**
>
> **Kunde:** Mittelständisches Unternehmen mit rund 200 Office-Mitarbeitern.
>
> **Aufgabe:** Vorrangiges Ziel des Kunden war es, die Büromaterialbeschaffung zu vereinfachen und die Prozesskosten im Bestellwesen zu optimieren.
>
> **Ergebnis:** Durch die Implementierung eines Online-Bestellsystems und die Konzentration auf einen Lieferanten konnte rund ein Drittel der Prozesskosten im Bestellwesen eingespart werden. Zwar blieb die Anzahl der getätigten Transaktionen gleich, aber die Abläufe wurden stark vereinfacht und online abgebildet.
>
> **Ersparnis:** Die jährliche Ersparnis an Prozesskosten liegt bei 34 %. Zusätzlich wurden die Einkaufskonditionen für das Büromaterial um 13 % reduziert.

Die Preistendenz am Markt ist seit Jahren leicht steigend. Laut BME liegt sie für Büroartikel seit 2010 konstant bei ca. 2 bis 3 % pro Jahr. Ein direkter Zusammenhang zwischen der Preisentwicklung der Vorprodukte (Zellstoff, Kunststoff, Metalle etc.) und den Büroartikeln selbst lässt sich dabei kaum erkennen.

Prozessoptimierung

Während die durchschnittlichen Verwaltungskosten pro Bestellvorgang laut der aktuellen BME-Studie bei 92 € liegen, schaffen es die besten Unternehmen bei der Umfrage mit rund 50 % weniger Prozesskosten auszukommen. Diese Unternehmen zeichnen sich laut BME durch folgende Faktoren aus[2]:

---

[2] Quelle: http://www.bme.de/TOP-Kennzahlen-im-Einkauf-2013.top-kennzahlen-im-einkauf.0.html (Zugriffsdatum: 01.03.2015).

- Zielsetzung/Stellenwert im Unternehmen
- Hohe Automatisierungsquote/standardisierte Prozesse
- Besseres Lieferantenmanagement
- Frühzeitige Einbindung des Einkaufs in die Beschaffungsprozesse
- Regelmäßiges Controlling/externes Benchmarking

Um die eigenen Prozesskosten herauszufinden, lohnt es sich, zu hinterfragen, wie lange die eigenen Mitarbeiter für einen durchschnittlichen Bestellvorgang benötigen, wie oft pro Jahr eine Bestellung erfolgt und wie hoch der durchschnittliche Stundensatz der involvierten Mitarbeiter ist. Bei der detaillierten Analyse unterscheidet man in vier Blöcke:

- Beschaffung
- Lager und Logistik
- Rechnungsprüfung und Zahlung
- Verwaltung und Controlling

Durch Befragung der Mitarbeiter erhält man einen Ist-Zustand, der den monatlichen Aufwand in Minuten aufzeigt. Multipliziert man diesen mit den tatsächlichen Personalkosten, erhält man die nötigen Kennzahlen (z. B. Kosten pro Bestellung und prozentuale Relation zwischen Bestellvolumen und Beschaffung), um Lösungsansätze zu finden und diese zu bewerten. Folgende Lösungsansätze zu den einzelnen Bereichen seien hier exemplarisch genannt:

- **Beschaffung**
  - Konzentration auf einen (bis maximal drei) Lieferanten.
  - Mit dem Lieferanten besprechen, welche notwendigen Artikel und Leistungen ergänzend möglich sind (z. B. Formularverwaltung und Werbeartikel).
  - Einrichtung eines E-Procurement-Systems, das alle nötigen Prozesse, wie Genehmigungsverfahren, Budgetierung, Kostenstellen usw. abbildet.

- **Lager und Logistik**
  - Auflösung bestehender Warenbestände.
  - Umstellung der Anlieferung, sodass pro Besteller adressierte Pakete über die Poststelle verteilt werden.
- **Rechnungsprüfung und Zahlung**
  - Umstellung auf Monatsrechnung zur Verbesserung der Liquidität und Aufwandsreduzierung in Buchhaltung und Zahlungskontrolle.
  - Die Rechnungskontrolle kann über einen Abgleich mit dem Procurement-System des Lieferanten vereinfacht werden.
- **Verwaltung und Controlling**
  - Durch Kostenstellenabrechnung wird die Kostenzuordnung vereinfacht.
  - Statistiken und Auswertungen sollte der Lieferant bei guter Zusammenarbeit freiwillig erbringen, sodass keine Ressourcen im Unternehmen dafür gebunden werden.

Ein Großteil der Optimierung im Prozesskostenbereich lässt sich sehr einfach umsetzen. Unsere Erfahrung aus zahlreichen Kundenprojekten im Mittelstand zeigt, dass die schnellste Optimierung darin besteht, einen leistungsfähigen und günstigen Lieferanten zu finden und mit diesem einen schlanken Prozess aufzusetzen. Damit ist bereits der größte Effekt in der Prozesskostenoptimierung erzielt.

Wichtige Fachbegriffe der Branche

Budgetierung
Aufgrund der Kostenplanung wird einzelnen Kostenstellen oder Bestellern ein Monats- oder Jahresbudget zugeteilt. Der Lieferant achtet auf die Einhaltung der Budgets und informiert den Kunden bei deren Erreichung bzw. Überziehung.

E-Procurement
Die Beschaffung wird über elektronische Systeme (in der Regel das Internet) abgewickelt.

Fleetmanagement
Dient der Verwaltung von Drucksystemen, z. B. durch Meldungen zu Verbrauchsmaterialien oder Serviceanforderungen, in einem Unternehmen. Steht oftmals in Zusammenhang mit Druckmietverträgen (Pay per Page oder Druckflatrate).

Formulareinlagerung
Interne Formulare, Belege oder Werbeartikel werden beim Lieferanten eingelagert und mit den anderen C-Artikeln angeliefert. Einen solchen Service erhält der Kunde häufig von Fachhändlern.

Genehmigungsverfahren
Die Mitarbeiter erstellen ihren Bestellvorschlag und der Kostenstellenverantwortliche entscheidet über die Freigabe und löst die Bestellung aus.

Gutschriftenverfahren
Hierbei erstellt der Kunde eine Gutschrift an den Lieferanten über das benötigte Material. Grund ist meistens die Reduzierung der Prozesskosten.

Kanban-System
Vorratshaltung in einem Schrank oder Raum, aus dem die Mitarbeiter Ware entnehmen und diese über Scanner, Tablet oder PC austragen. Abrechnung erfolgt monatlich nach Entnahmeabrechnung, ähnlich wie bei einem Konsignationslager.

Kostenstellenabrechnung
Monatliche Abrechnung unterteilt nach Kostenstellen. Dient der einfachen Zuordnung der Kosten im Unternehmen.

Kostenstellenbelieferung
Bestellungen werden einzeln, nach Kostenstellen gepackt, angeliefert, um eine schnelle Zuordnung der Pakete zu ermöglichen.

Monatsrechnung
Es wird nur eine Rechnung pro Monat über die C-Artikel erstellt. Hierdurch werden Prozesskosten eingespart und eine genaue Abgrenzung der Kosten erreicht.

PBS-Flatrate
Am Jahresanfang wird ein fester Monatsbetrag mit dem Lieferanten für Papier, Bürobedarf und Schreibwaren vereinbart. Quartalsweise oder halbjährlich werden die Differenzen abgeglichen.

To-Desk-Belieferung
Lieferung an den Schreibtisch durch den Lieferanten. Hierdurch wird die Zustellung im Unternehmen eingespart. Nachteil ist die Störung des Betriebsablaufes durch externe Mitarbeiter.

Vorkommissionierte Pakete
Pakete sind deutlich mit dem Empfänger gekennzeichnet und können direkt zugestellt werden (siehe auch Kostenstellenbelieferung).

Vorkontierte Rechnungen
Rechnungen werden vom Händler vorkontiert und können somit einfach in der Buchhaltung verarbeitet werden.

Zusammenfassung und Fazit

Obwohl der Büromaterialbereich im Rahmen der Kostenoptimierung häufig vernachlässigt wird, ist er durchaus eine nähere Betrachtung wert. Einerseits lassen sich die Artikelkosten selbst um bis zu 30 % reduzieren. Andererseits ist eine Optimierung der im Vergleich zum Warenwert extrem hohen Prozesskosten um bis zu 50 % möglich.

Die Entscheidung, ob ein Global Player, ein Katalog- und Internetanbieter oder ein leistungsfähiger Fachhändler die richtige Wahl für das eigene Unternehmen darstellt, hängt stark von der eigenen strategischen Ausrichtung ab. Da alle drei Gruppen in Europa zu relativ ähnlichen Konditionen einkaufen, werden starke Preisunterschiede im Rahmen einer Ausschreibung nur da auftreten, wo ein Anbieter aus strategischen Gründen einen Kunden gewinnen will. Bei vergleichbaren Preisen ist es hingegen sinnvoll, sich für einen Anbieter mit großem Sortiment, gutem Service und effizienten Prozessen zu entscheiden.

Im Rahmen einer Ausschreibung ist es wichtig, den Anbietern präzise Vorgaben bez. Stückzahlen und Artikelbeschreibungen zu machen und eine zeitliche Fixierung auf das angebotene Sortiment und die Preise einzufordern. Daneben sollte man einen vollständigen Katalog des Anbieters mit Preisen haben. Sonst kann es passieren, dass Produkte, die nicht in der Ausschreibung enthalten waren, extrem teuer abgerechnet werden. Gerade, wenn ein Anbieter bei der Ausschreibung sehr preisaggressiv ist, empfehlen sich zudem regelmäßige Stichproben, ob die Preise und gelieferten Produkte noch dem Angebot entsprechen.

Fuhrparkoptimierung 10

Der Pkw-Fuhrpark stellt in der Regel einen bedeutenden Kostenblock für ein Unternehmen dar. Pro Fahrzeug im Vollbetrieb kann man von durchschnittlich rund 800 € pro Monat an Kosten ausgehen. Mit Vollbetrieb ist hier gemeint, dass alle Kosten von der Finanzierung über die Versicherung, Wartung und Service bis hin zu den Treibstoffkosten etc. in die Rechnung einfließen. Hat ein Unternehmen nur 50 Fahrzeuge im Bestand, sind damit bereits durchschnittliche Jahreskosten von 400.000 € zu erwarten.

Größere Lkw-Fuhrparks, die sich zur Optimierung lohnen würden, werden heute von den Unternehmen in den meisten Fällen aus Kosten- und Effizienzgründen outgesourct oder das Unternehmen gründet eine eigene Spedition. Sinn machen kann ein eigener Lkw-Fuhrpark vor allem dann, wenn es qualitative Gründe gibt oder die Fahrzeuge spezielle Aufbauten benötigen. Ein mögliches Beispiel dafür stellen Möbelhändler dar. Da diese Themen aber eher Spezialitäten darstellen, gehen wir bei den folgenden Ausführungen dezidiert nur auf die Pkw-Fuhrparks ein.

Markthintergrund

Die Kosten im Fuhrparkmanagement setzen sich aus verschiedenen Faktoren zusammen, wobei die wichtigsten Hebel in der Optimierung in der Beschaffung, Finanzierung, der Modellpolitik sowie der Laufleistung in Zeit und Kilometern liegen. Hinzu kommen untergeordnete Faktoren, wie Fahrerschulungen, Poolfahrzeuge oder Brückenlösungen durch Fahrzeugmieten etc. Betrachtet man das Fahrzeugleasing, das mit Abstand die häufigste Lösung in größeren Fuhrparks darstellt, sind folgende Faktoren interessant:

- Einkaufspreis des Fahrzeugs
- Kalkulierter Restwert der Leasinggesellschaft
- Zinssatz für die Finanzierung
- Unternehmerischer Zuschlag

In der Regel wird die Leasinggesellschaft dem Kunden das beste Angebot machen, die den höchsten Restwert in der Wiederverwertung erzielen kann. Da sich viele Leasinggesellschaften in dieser Hinsicht in den letzten Jahren verkalkuliert haben und die Restwerte aktuell am Boden liegen, sind viele Marktteilnehmer inzwischen von der Anbieterliste verschwunden, sodass Stand heute noch ca. zehn relevante Anbieter am Markt vertreten sind.

Kundenrelevanz

Eine Optimierung lohnt sich vor allem für Unternehmen mit einem Fuhrpark von 50 und mehr Fahrzeugen. Da einer der Hebel im Beschaffungspreis liegt und sich das Volumen im Leasing über durchschnittlich drei Jahre verteilt, stellen kleinere Fuhrparks keine relevante Verhandlungsmasse dar. Im Normalfall haben Unternehmen mit entsprechend großem Fuhrpark einen großen Außendienst oder ein Car-Incentive-Modell für ihre Mitarbeiter z. B. im Rahmen einer Gehaltsumwandlung.

Ersparnispotenzial

Für einen normalen Fuhrparkverantwortlichen im Unternehmen stellt sich der Markt sehr intransparent dar und selbst größere Autohäuser sind kaum in der Lage oder gewillt, gute Angebote für den Kunden zu generieren – sei es im einfachen Finanzleasing oder im Full-Service-Leasing, das Themen wie Reifen, Service, Wartung, Versicherung, GEZ und Tankkarten etc. mit einschließt. Ein Spezialist, der den Markt gut kennt, ist hingegen in der Lage, 10 % und bei optimalen Rahmenbedingungen auch mehr an Kosteneinsparung zu erzielen, wie die folgenden Praxisbeispiele verdeutlichen sollen:

Beispiel

Kunde: Ein Softwarehaus mit 250 Leasing-Pkw.

Aufgabe: Die Aufgabe bestand in der Optimierung der Fuhrparkkosten, wobei die bestehende Struktur nicht verändert werden sollte. Die Ausgangskosten für den Fuhrpark lagen gesamt bei 2,33 Mio. €.

Ergebnis: Aufgrund der sehr einschränkenden Vorgaben des Kunden konnte nur ein Teil der möglichen Optimierungsmaßnahmen umgesetzt werden. Zum einen wurden die Einkaufsrabatte neu ausverhandelt. Des Weiteren wurden mit den bestehenden Leasinggesellschaften die Zinssätze sowie die Restwerte der Fahrzeuge überarbeitet. Abschließend wurden die Fahrzeuge, welche sich rein im Bereich des Finanzleasings befanden, hinsichtlich der Themen „Reifen- und Reparaturkosten" an Rahmenverträge angeschlossen.

Einsparung: Trotz der Einschränkungen konnte eine Ersparnis von 150.000 € oder 6,44 % erzielt werden.

> **Beispiel**
> **Kunde:** Ein Pflegedienst mit 180 Kleinfahrzeugen (Pkw).
> **Aufgabe:** Die Aufgabe bestand in der Optimierung der Fuhrparkkosten, wobei der Kunde dem Beratungsteam freie Hand hinsichtlich Modellen, Finanzierung und Betrieb gegeben hat. Der Ausgangswert lag bei Kosten von 968.000 €.
> **Ergebnis:** Zunächst wurde eine detaillierte Analyse über den tatsächlichen Einsatz und Bedarf durchgeführt. Anschließend wurden äquivalente Fahrzeugmodelle ausgearbeitet und konfiguriert. Im Rahmen der Ausschreibungsphase wurde die Einsatzdauer der Pkw verändert, sodass ein erheblicher Nachlass auf die Fahrzeugbeschaffung erzielt werden konnte. Des Weiteren wurden die Fahrzeuge in einen Full-Service-Leasingvertrag eingebettet. Ebenso wurden Optimierungen im Bereich der Betriebskosten durch Fahrerschulungen und Anreizmodelle erzielt.
> **Einsparung:** Die Optimierungsmaßnahmen führten zu einer Ersparnis von 169.000 € oder 17,46 %.

Die Preistendenz am Fahrzeugmarkt ist seit langer Zeit steigend. Jede neue Modellgeneration bringt in der Regel einen Preisanstieg mit sich. Umso wesentlicher ist eine Optimierung der Modell- und Nutzungspolitik. Dabei gilt es auch, die Interessen der Mitarbeiter zu berücksichtigen, die über die Ein-Prozent-Regelung mit von steigenden Kosten betroffen sind.

Wichtige Fachbegriffe der Branche

Geschlossene Abrechnung
Enthält alle vereinbarten Servicedienstleistungen. Der Leasinggeber übernimmt das volle Kostenrisiko.

Offene Abrechnung
Leasingnehmer bezahlt eine monatliche Pauschale, die mit den tatsächlich entstandenen Kosten abgeglichen wird.

AfA-Satz
Der AfA-Satz beschreibt den jährlichen Prozentsatz, mit dem Pkw jährlich abgeschrieben werden können.

Cross-Border-Leasing
Grenzüberschreitendes Leasing.

Dienstwagenordnung
Regelt die Nutzungsberechtigung der Firmenfahrzeuge, die Rechte und Pflichten sowie die Verantwortlichkeiten zwischen Arbeitgeber und Nutzer (in der Regel Arbeitnehmer).

Finanzleasing
Die Leasinggeber schaffen die Fahrzeuge für den Leasingnehmer an. Dieser muss somit keine Kredite aufnehmen.

Zusammenfassung und Fazit

Eine Fuhrparkoptimierung im Pkw-Bereich lohnt sich für Unternehmen ab einem Bestand von etwa 50 Fahrzeugen, weil darunter die (auf durchschnittlich drei Jahre verteilte) Verhandlungsmasse einfach zu gering ist. Gleichzeitig macht eine Optimierung ab dieser Größenordnung viel Sinn, da der Betrieb eines Fahrzeugs bei durchschnittlich 800 € pro Monat liegt, was schon bei 50 Fahrzeugen Kosten von 400.000 € pro Jahr bedeutet.

Die wichtigsten Hebel in der Kostenoptimierung liegen in der Beschaffung, Finanzierung, Modellpolitik sowie der Laufleistung in Zeit und Kilometern. Die hohe Intransparenz des Marktes und die stetigen Preissteigerungen der Hersteller führen allerdings dazu, dass der Markt für den normalen Fuhrparkverantwortlichen im Unternehmen schwer zu durchdringen ist. Kundige Spezialisten schaffen hingegen eine durchschnittliche Optimierung von 10 % und mehr.

Optimierung von Firmenversicherungen 11

In diesem Kapitel wollen wir den Kostenbereich der Firmenversicherung oder gewerblichen Kompositversicherung näher beleuchten. Unter diesem Begriff werden alle Versicherungsarten der betrieblichen Schaden- und Unfallversicherung zusammengefasst. Sie dienen dem Versicherungsschutz von Sachwerten und der Gefahrenabwehr von Haftungsrisiken.[1]

Im Hinblick auf die Gemeinkostenoptimierung stellt das Thema „Firmenversicherungen" einen Sonderfall dar, denn in kaum einem anderen Bereich hängen die Möglichkeiten zur Optimierung so stark vom Einzelfall ab. Das A und O einer guten Optimierung liegt daher in der Bedarfserfassung und Definition, welche Absicherungen unerlässlich, welche wichtig und welche eher zu vernachlässigen sind. Vor diesem Hintergrund unterscheidet man in existenzzerstörende, existenzbedrohende und neutrale Risiken für die Firmen:

- **Existenzzerstörende Risiken:** Als existenzzerstörend betrachtet man Risiken, die unmittelbar das Überleben eines Unternehmens bedrohen können. Passende Versicherungen decken Haftpflichtrisiken (z. B. Betriebshaftpflichtversicherung), Forderungsausfälle,

---

[1] Quelle: http://de.wikipedia.org/w/index.php?title=Individualversicherung&redirect=no#Kompositversicherung (Zugriffsdatum: 01.03.2015).

Sachwertabsicherung (z. B. Gebäudeversicherung), Ertragsausfall und die Managerhaftpflichtversicherung (D&O) ab.
- **Existenzbedrohende Risiken:** Als Versicherungen für existenzbedrohende Risiken gelten z. B. die Strafrechtsschutzversicherung oder die Elektronik- und Maschinenbruchversicherung.
- **Neutrale Risiken:** Neutrale Risiken sind für Unternehmen eher nützlich als wichtig. Hier muss jede Firma selbst entscheiden, in welchem Umfang sie sich absichern will. Beispiele für neutrale Risiken, die man versichern kann, sind Glasbruch oder der klassische Firmenrechtsschutz.

Die Beratungspraxis zeigt, dass viele Unternehmen in dieser Hinsicht nicht passend aufgestellt sind, da sie einerseits unerlässliche und wichtige Risiken nur unzureichend abdecken und sich andererseits Versicherungen leisten, die nur einen geringen Nutzen für sie haben. Die dahinterstehende Problematik ist vielschichtig und liegt nicht nur an Beratungsdefiziten der Anbieter. Vielmehr spielen auch die rasante Veränderung von Märkten und Geschäftsfeldern eine bedeutende Rolle.

Markthintergrund

In den meisten Sparten von Firmenversicherungen gleichen sich die Leistungen immer mehr an, sodass die Unterschiede zwischen den Versicherern eher gering sind. Eine entsprechende Kapitalkraft der Gesellschaften vorausgesetzt, kann daher bei vergleichbaren Leistungsmerkmalen durchaus nach Preis verglichen werden.

Eine echte Ausnahme von dieser Regel stellt die Managerhaftpflichtversicherung (D&O) dar. Da diese Thematik noch nicht lange existiert, gibt es hier große Unterschiede bei den Gesellschaften und die Leistungskataloge unterscheiden sich stark. Angebote werden häufig nicht pauschal abgegeben (z. B. nach Größe und Branche), sondern individuell nach Einreichung des Geschäftsberichts kalkuliert. Dieser Umstand ist vor allem deshalb mit Sorgfalt zu betrachten, da es sich um ein existenzzerstörendes Risiko handelt und im Schadensfall schnell zwei- oder dreistellige Millionenbeträge entstehen können.

Ansonsten bleibt festzustellen, dass immer mehr Versicherungen aus den Bereichen „Lebensversicherung" und „Private Krankenversicherung" in Richtung Sachversicherungen umschwenken. Ein Grund dafür ist sicherlich die anhaltende Niedrigzinsproblematik. Trotz dieses erhöhten Wettbewerbs lässt sich eine leicht steigende Preistendenz am Markt feststellen. Eine Konsolidierung auf Anbieterseite in den nächsten Jahren ist zu erwarten.

Kundenrelevanz

Welche Relevanz die Versicherungskosten für ein Unternehmen haben, hängt sehr stark vom Einzelfall ab. Während in einigen Branchen die relevanten Risiken mit kleinem Geld abdeckbar sind (z. B. die Betriebshaftpflichtversicherung eines Bürobetriebes), haben andere Branchen sehr hohe Absicherungsaufwendungen. Als Beispiele wären Recyclingunternehmen, Auto-/Luft-/Raumfahrtzulieferer oder asiatische Unternehmen, die Elektroteile in die EU einführen, zu nennen.

Ersparnispotenzial

Das durchschnittliche Ersparnispotenzial im Versicherungsbereich liegt laut einer Studie des Bundesverbandes Materialwirtschaft, Einkauf und Logistik (BME) bei 24 %.[2] Ein Grund für dieses Potenzial

---

[2] Quelle: http://www.haufe.de/unternehmensfuehrung/steuern-finanzen/so-bekommen-sie-ihre-gemeinkosten-in-den-griff/1-overheads-die-eingerosteten-renditehebel_62_230184.html (Zugriffsdatum: 01.03.2015).

liegt darin, dass der Markt sehr schnell und dynamisch ist. Einerseits ändern sich Dinge in den Geschäftsfeldern der Kunden und andererseits überprüfen auch die Versicherer ihre Risikoeinschätzungen ständig. So kann ein Unternehmen, das vor fünf Jahren optimal für seinen damaligen Bedarf aufgestellt wurde, heute teuer und schlecht abgesichert sein.

Grundsätzlich kann man sagen, dass man als Unternehmen bei einem Versicherungsmakler besser aufgehoben ist als bei einem Generalvertreter. Neben der reinen Logik, dass eine Auswahl aus vielen Anbietern der beschränkten Auswahl einer Versicherung überlegen ist, kommt ein wesentlicher Faktor bez. des Rollenverständnisses der Marktteilnehmer hinzu:

- Der Generalvertreter steht aufseiten seiner Versicherung und nimmt deren Interessen wahr.
- Der Makler steht aufseiten des Kunden und haftet gegenüber dem Kunden im Zweifelsfall für eine Fehlberatung.

Aber auch Makler ist nicht gleich Makler. Sehr kleinen Maklerbüros oder Ein-Mann-Maklern fehlt nicht nur die Manpower, um Ausfälle durch Urlaub, Krankheit und Überlastung auszugleichen. Vielmehr fehlt auch das Personal, um Fachabteilungen mit entsprechender Expertise in den einzelnen Feldern zu beschäftigen. Es empfiehlt sich daher, mit einem Makler zusammenzuarbeiten, der eine Trennung zwischen Firmen- und Privatkundenbetreuung hat. Außerdem sollte es eine eigene Abteilung zur Schadensbearbeitung geben. Zusätzlich spielt die Größe des Maklers auch bei den Konditionen eine Rolle. Ein großer Makler hat mehr Verhandlungsmacht im Sinn seiner Kunden und bekommt bessere Rahmenverträge und Konditionen.

Falls das Unternehmen darüber hinaus international (insbesondere in den Vereinigten Staaten von Amerika) tätig ist, empfiehlt sich die Zusammenarbeit mit einer der großen Maklerfirmen, die ebenfalls international aufgestellt sind.

Wichtige Fachbegriffe der Branche

Da es im Bereich der Firmenversicherungen eine große Anzahl von relevanten und erklärungsbedürftigen Begriffen gibt, verzichten wir an dieser Stelle auf die Bereitstellung einer Auswahl. Stattdessen empfehlen wir das Lexikon für Sachversicherung, das über den Link http://www.geld.de/sachversicherungen-lexikon.html abgerufen werden kann.

Zusammenfassung und Fazit

Der Markt für Firmenversicherungen ist laufend in Bewegung. Einerseits ändern sich auf Kundenseite Anforderungen, andererseits ändern sich die Risikoeinschätzungen der Anbieter. Eine Optimierung der Verträge im Hinblick auf Versicherungsschutz und Kosten macht daher regelmäßig Sinn und sorgt laut Bundesverband für Materialwirtschaft, Einkauf und Logistik (BME) für Einsparpotenziale von durchschnittlich 24%.

In der Wahl des Anbieters ist der Versicherungsmakler dem Generalvertreter im Normalfall überlegen – auch, weil er im Fall einer Fehlberatung haftbar ist. Dabei sollte ein Maklerunternehmen bevorzugt werden, dass seine Abteilungen für Firmen- und Privatkunden trennt und das über eine eigene Abteilung zur Schadensregulierung verfügt. Bei internationaler Ausrichtung des Kunden empfiehlt sich ein ebenfalls international ausgerichteter, großer Makler.

12 Unternehmen zum Verkauf vorbereiten

In den vergangenen Kapiteln haben Sie einiges darüber erfahren, an welchen Stellschrauben man drehen kann, um die Gemeinkosten im Unternehmen zu senken. So richtig und wichtig diese Maßnahmen für jedes Unternehmen sind – eine besondere strategische Bedeutung gewinnen sie für die Firmen, die in absehbarer Zeit verkauft werden sollen.

Mangelnde Vorbereitung führt zu Abschlägen

Laut eines Reports der Raffel GmbH Corporate Development[1] aus dem Jahr 2011 wechseln in Deutschland jährlich rund 500 bis 1000 Unternehmen des Mittelstands die Eigentümer. Da bei Unternehmensverkäufen häufig sehr hohe Werte ausgetauscht werden, sollte eine gute Vorbereitung auf solche Transaktionen selbstverständlich sein.

Gerade im Mittelstand sei jedoch zu beobachten, dass die zum Verkauf angebotenen Unternehmen nicht genügend auf diesen Prozess vorbereitet werden. Diese mangelhafte Vorbereitung auf den

---

[1] Quelle: http://www.raffel.eu/info_presse/MuA_11–11_Raffel.PDF (Zugriffsdatum: 28.11.2014).

Verkauf eines Unternehmens führe zu Abschlägen bei der Verkaufspreisfindung von bis zu 25 %, heißt es in dem Report weiter.

Andererseits sei der Nutzen einer Verkaufsvorbereitung auch ohne tatsächlichen Verkauf vielfältig und die Mühen und möglicherweise Investitionen in eine Verkaufsvorbereitung würden bei Verkauf des Unternehmens mehrfach zurückgezahlt. Als positive Effekte werden unter anderem die Steigerung der unternehmerischen Freiheitsgrade, die Verbesserung der Unternehmensperformance und die Steigerung der Attraktivität des Unternehmens für Nachfolger, Kapitalgeber und Mitarbeiter genannt.

Kostenoptimierung als Teil der Verkaufsvorbereitung

Die Kostenoptimierung im Unternehmen ist ein wesentlicher Bestandteil dieser Verkaufsvorbereitung. Aus unserer Zusammenarbeit mit spezialisierten M&A-Maklern wissen wir, dass insbesondere die folgenden Faktoren hierbei eine Rolle spielen:

- **Bilanzoptimierung:** Niedrigere Gemeinkosten haben eine direkt positive Auswirkung auf die Bilanz. Laut einer Studie des Bundesverbandes Materialwirtschaft, Einkauf und Logistik (BME) machen die sogenannten nicht-strategischen Beschaffungsfelder selbst im produzierenden Gewerbe bis zu 50 % des gesamten Beschaffungsvolumens aus.[2] Einsparungen in diesem Bereich sind somit regelrechte Renditetreiber und bringen direkt und kurzfristig das Zahlenwerk auf Vordermann.
- **Lieferantenmanagement:** Im Rahmen einer Optimierung werden neben den Kosten immer auch die Prozesse in der Beschaf-

---

[2] http://www.haufe.de/unternehmensfuehrung/steuern-finanzen/so-bekommen-sie-ihre-gemeinkosten-in-den-griff/1-overheads-die-eingerosteten-renditehebel_62_230184.html (Zugriffsdatum: 01.03.2015).

fung beleuchtet und optimiert. Für einen Käufer ist es deutlich von Vorteil, klare Anbieterstrukturen vorzufinden und eine überschaubare Anzahl an Lieferanten zu haben. Diese Vorteile lassen sich im Businessplan aufzeigen und nutzen.
- **Außenwirkung:** Aktuelle, bedarfsangepasste und im Rahmenvertrags- und Konditionsbereich optimierte Vertragsstrukturen sprechen eine klare Sprache in der Außenwirkung. Sie zeigen Kaufinteressenten deutlich an, dass sie ein gut geführtes Unternehmen vorfinden, das seine Potenziale zu nutzen weiß. Eine solche Firma wirkt nicht nur attraktiv – sie ist es auch.

Als wesentlicher Erfolgsfaktor unserer Beratung wird zusätzlich unser erfolgsabhängiges Modell gesehen, denn die Unternehmen gehen kein Risiko ein. Wir nehmen lediglich einen Anteil dessen, was wir an Vorteil mitbringen, und der Kunde gewinnt in jedem Fall. Zusätzlich ist unser Honorar ein einmaliger Kosteneffekt, während die Kostenreduktionen lang anhaltend wirken, was für Kaufinteressenten entscheidend ist.

Vorsicht vor Dealbreakern

Wie bereits angesprochen, ist die Kostenoptimierung ein wichtiger Bestandteil der Verkaufsvorbereitung – aber nicht der einzige. Daher arbeiten wir in der Betreuung von Kunden, die ihr Unternehmen veräußern möchten, im Netzwerk mit weiteren Spezialisten zusammen, z. B. zur strategischen Ausrichtung des Unternehmens, zur Optimierung des Vertriebs oder auch zum Finden von potenziellen Käufern.

In diesem Zusammenhang stoßen wir immer wieder auf sogenannte Dealbreaker. Das sind Umstände, die dazu führen, dass Interessenten kurzfristig wieder abspringen oder Verhandlungen sogar im fortgeschrittenen Stadium noch scheitern. Ein häufiger Dealbreaker beim Unternehmensverkauf sind die Pensionsrückstellungen, weshalb wir dieses Thema hier näher beleuchten wollen.

Problemfall Pensionsrückstellungen

Weit verbreitet in mittelständischen Unternehmen sind Pensionszusagen zugunsten des Gesellschafter-Geschäftsführers. Die Motivation zur Einrichtung dieser Zusagen war zum einen der auf der Hand liegende Aspekt der Altersversorgung für den Unternehmer. Darüber hinaus eignet sich eine Pensionszusage aber auch dazu, über die damit verbundene Bildung von gewinnreduzierenden Rückstellungen in der Unternehmensbilanz, zumindest kurzfristig, steuersenkende Effekte in erheblichem Umfang zu erzeugen.

Wenn diese Pensionszusagen in der Vergangenheit überhaupt rückgedeckt wurden, dann häufig mit klassischen Lebensversicherungen. Dabei wurde die Rückdeckungsversicherung üblicherweise so gestaltet, dass die Gesamtleistung inklusive Überschüssen die Altersversorgung des Gesellschafter-Geschäftsführers ausfinanziert hätte.

Die Unternehmer, die sich heute mit dem Gedanken eines Verkaufs ihres Unternehmens tragen, haben ihre Pensionszusagen häufig vor dem Jahr 2000 eingerichtet. Damals wurden von der Versicherungswirtschaft regelmäßig Prognoserechnungen auf der Basis von 7 % Gesamtverzinsung erstellt. Und bis zur Jahrtausendwende wurden diese Werte auch erreicht.

Wenn heute bei den Gesellschafter-Geschäftsführer-Versorgungen aus dieser Zeit Finanzierungslücken von teilweise über 50 % bestehen, dann hat dies mehrere Gründe, die jeder für sich nachvollziehbar sind. In der Summe können diese aber den Verkauf eines Unternehmens massiv erschweren, wenn nicht sogar im Einzelfall verhindern.

Zunächst ist durch den massiven und letztlich politisch gewollten Zinsrückgang der letzten zehn Jahre die Gesamtverzinsung der üblicherweise zur Rückdeckung verwendeten klassischen Kapitallebensversicherung drastisch gesunken. Im Durchschnitt des Marktes liegt die Gesamtverzinsung aktuell noch bei ca. 3,5 % und hat sich somit in den letzten 15 Jahren halbiert.

Da die Versicherer mindestens 70 % ihrer Anlagen in Zinspapieren halten müssen, ist diese Entwicklung einerseits nachvollziehbar. Andererseits lässt sich aber auch die relativ sichere Prognose treffen, dass bei einem von den meisten Marktteilnehmern erwarteten Anhalten der aktuellen Phase extremer Niedrigzinsen an dieser Front nicht mit einer Entspannung zu rechnen sein wird.

Bei jetzt fälligen Zusagen kann man diesen Aspekt des Gesamtproblems nur zur Kenntnis nehmen, bei Zusagen, die erst in 10 bis 15 Jahren fällig werden, lässt sich hier durch alternative Rückdeckungskonzepte zumindest der Versuch eines Lückenschlusses unternehmen.

Ein weiterer Teilaspekt des Gesamtproblems ist die in den letzten Jahren permanent steigende Lebenserwartung. Da die Rückdeckungsversicherungen häufig zum Rentenbeginn eine Kapitalabfindung vorsehen, sieht sich der Unternehmer vor die Frage gestellt, wie er diese Ablaufleistung so investiert, dass seine Pensionszusage dauerhaft finanziert ist. Die sich hier grundsätzlich anbietenden lebenslangen Rentenversicherungen kalkulieren aber heute mit deutlich längeren Lebenserwartungen als zum Zeitpunkt der Einrichtung der Pensionszusage. Dadurch ist der erforderliche Einmalbeitrag zur Ausfinanzierung einer üblicherweise auf einen fixen Eurobetrag lautenden Pensionszusage natürlich deutlich höher.

Diese beiden genannten und sich gegenseitig verstärkenden Aspekte führen im Ergebnis dazu, dass heute kaum eine Pensionszusage aus der Zeit vor dem Jahr 2000 kongruent ausfinanziert ist.

Noch nicht berücksichtigt ist hierbei der Aspekt, dass teilweise auch gehaltsabhängige Zusagen erteilt wurden. Wenn ein Unternehmen nun 30 Jahre erfolgreich gewirtschaftet hat und sich das Gehalt des Unternehmers in der Folge verdoppelt hat, dann ist bei einer solchen gehaltsabhängigen Zusage naheliegenderweise auch die Pensionsleistung des Unternehmens an den jetzt ehemaligen Unternehmer in doppelter Höhe zu leisten.

Häufig erfolgte in der Vergangenheit eine Überprüfung und Anpassung der Rückdeckung nicht in derselben Regelmäßigkeit wie die Anpassung des Unternehmergehaltes. Zudem werden seit Einführung des Bilanzrichtlinienmodernisierungsgesetzes (BilMoG) im Jahr 2009 die Pensionsrückstellungen in der Steuerbilanz zwar unverändert mit einem Zinssatz von 6 % berechnet, für die Handelsbilanz aber gilt § 253 Abs. 2 HGB. Danach muss der durchschnittliche Marktzinssatz der vergangenen sieben Jahre berücksichtigt werden.

Angesichts der absehbaren Fortsetzung der aktuellen Niedrigzinsphase führt das künftig zu immer niedrigeren Zinssätzen für die Ermittlung der Pensionsrückstellungen in der Handelsbilanz. Experten sehen hier, ausgehend von einem heutigen Zinssatz von 4,79 %, einen Entwicklungstrend in Richtung 3,40 % im Jahre 2020, was zu einer Erhöhung der Pensionsrückstellungen von 20 bis 35 % führen kann.

Dadurch sinken konsequenterweise der handelsbilanzielle Gewinn und damit die Ausschüttungsfähigkeit der Unternehmen und letztlich auch die Bonität gegenüber kreditgebenden Finanzierungspartnern. Angesichts der überaus komplexen Problemlage sind hier keine einfachen Lösungen möglich. Und jeder Einzelfall ist auch individuell zu betrachten.

Ein Ansatz könnte angesichts der häufig nicht vorhandenen Liquidität zur kongruenten Ausfinanzierung die Abfindung der Pensionszusage mit einem kaufmännisch vernünftigen Barwert sein. Voraussetzung ist hier allerdings, dass diese Option nicht erst in unmittelbarem zeitlichen Zusammenhang mit der Ausübung der Abfindungsoption in die Pensionszusage eingebaut wird.

Wenn die erforderliche Liquidität zur Ausfinanzierung vorhanden ist, dann ist auch dieser Weg eine Option, wobei die Zusage selbst dann immer noch im Unternehmen fortgeführt wird, was von vielen Investoren nicht akzeptiert wird. Dann ist zu erörtern, ob eine komplette Auslagerung der Pensionsverpflichtungen ein gangbarer Weg ist. Hierüber lässt sich das Unternehmen zwar komplett enthaften, allerdings ist dieser Weg auch der mit Abstand teuerste, das Problem zu lösen. Denn hier übernimmt ein Versicherer das Kapitalmarkt- und das Langlebigkeitsrisiko in voller Höhe.

Im Ergebnis kann festgehalten werden, dass es in Unternehmen mit Pensionszusagen einerseits regelmäßig dringenden Handlungsbedarf gibt. Und dies völlig unabhängig von der Frage eines anstehenden Unternehmensverkaufs. Andererseits gibt es keine einfachen Patentlösungen, da jeder Unternehmer mit seiner Pensionszusage höchst individuelle Ziele verfolgt hat und verfolgt.

Daher kann nur empfohlen werden, sich von einem unabhängigen Berater zunächst eine Analyse der Situation erstellen zu lassen. Darauf aufbauend kann dann ausgerichtet an den Zielen des Unternehmers bzw. Investors und den wirtschaftlichen Möglichkeiten des Unternehmens eine Strategie entworfen werden, wie dieser Gesamtkomplex zukünftig nachhaltig gestaltet und vor allem nachhaltig finanziert wird.

Angesichts der überaus komplexen und ständigen Änderungen unterworfenen Rechtsprechung zur Gesellschafter-Geschäftsführer-Versorgung kann dieses Thema nicht früh genug angepackt werden und erfordert zudem auch eine regelmäßige Überprüfung. Nur so ist zum Zeitpunkt eines möglichen Unternehmensverkaufs an dieser Stelle nicht mit Problemen zu rechnen, die dann häufig nur mit hohen Kosten, d. h. häufig hohen Kaufpreisabschlägen, zu lösen sind.

Synergieeffekte im Netzwerk

Der große Vorteil eines Beraternetzwerkes zu diesem Thema sind die wechselseitigen Synergien aus dem Zusammenspiel der spezialisierten Berater. Identifiziert z. B. ein Berater die Pensionsrückstellungen als Dealbreaker und kann eine Lösung dafür aufzeigen, ist diese noch lange nicht finanziert. Häufig kann erst in Kombination mit den Optimierungsmaßnahmen im Gemeinkostensektor die notwendige Liquidität dafür geschaffen werden.

Typische Fehler in der Beschaffung   13

In diesem Kapitel erfahren Sie, welche Fehler in der Beschaffung häufig gemacht werden und worauf Sie achten sollten. Es beginnt meistens damit, dass eine gründliche Ist-Analyse zu Beginn des Beschaffungsvorganges fehlt. Auch der Prozesskostenansatz wird häufig vergessen und Volumina werden auf zu viele Partner verteilt. Außerdem lesen Sie, wann Einkaufsgemeinschaften, Ausschreibungen und E-Procurement-Lösungen sinnvoll sind und welche Vor- und Nachteile sie bieten.

Analyse und Angebotsbeschaffung

Bevor Sie sich Angebote bei Lieferanten einholen, sollten Sie sich überlegen, was für Sie bei einem Angebot wichtig ist und nach welchen Kriterien (mit welcher Gewichtung) Sie entscheiden. Eben dieses Vorgehen fehlt oft bei mittelständischen Unternehmen. Man lässt die Angebote auf sich zukommen und entscheidet dann eher aus dem Bauch heraus. Besser ist es, zunächst eine Ist-Analyse durchzuführen und sich auf dieser Basis Angebote einzuholen.

Woher bekommt man nun die Angebote bzw. welche Lieferanten kommen infrage? Häufig haben im Laufe der Zeit aktiv Vertriebsmitarbeiter oder Vertriebspartner eines bestimmten Anbieters bei Ihnen angerufen. Diese Personen können Sie jetzt wieder kontaktieren. Wundern Sie sich aber nicht, wenn der Ansprechpartner aufgrund hoher Personalfluktuation nicht mehr im Unternehmen beschäftigt ist. In diesem Fall hilft ein Kollege sicher auch gerne weiter. Eine weitere Möglichkeit besteht darin, befreundete Unternehmen nach konkreten Empfehlungen zu fragen. Hier können Sie sich sicher sein, dass Sie ehrliche Ratschläge erhalten. Sie können sich auch Tipps geben lassen, welchen Kriterienkatalog die anderen für die Entscheidung herangezogen haben. Die eigene Analyse und Entscheidung kann Ihnen dadurch allerdings nicht abgenommen werden.

Existieren diese Möglichkeiten nicht, müssen Sie wohl „auf eigene Faust" recherchieren. Mithilfe des Internets und der passenden Schlagwortkombination bekommen Sie schnell einen Überblick über geeignete Anbieter. Sie sollten allerdings schon bei der Erstrecherche eine Vorauswahl treffen, um die spätere Vergleichsphase zu verkürzen.

Prozesskosten und Lieferantenauswahl

Die Reduzierung der Einkaufskosten muss grundsätzlich eventuell höheren Prozesskosten gegenübergestellt werden. Es gibt z. B. immer noch Unternehmen, die wegen Kleinstaufträgen von wenigen hundert Euro zu viele Angebote vergleichen und dafür zahlreiche Stunden aufwenden. Letztlich ist das ein Minusgeschäft, da der Kollege in der Zwischenzeit auch etwas anderes hätte erledigen können.

Helfen können Experten, wie spezialisierte Einkaufsberater für den jeweiligen Fachbereich, die einen Großteil der Analyse übernehmen und damit den Arbeitsaufwand im Unternehmen klein halten. Diese Experten wissen genau, an welchem Punkt man ansetzen muss, um in kürzester Zeit eine hohe Ersparnis erzielen zu können.

Anschließend ist es genauso wichtig, Lieferanten als Partner zu haben, die keine Mehrarbeit verursachen. Empfehlenswert ist es, möglichst einen Ansprechpartner im Unternehmen zu haben, der für alle Fragen und Probleme zuständig ist. Es kann nicht sein, dass der Kunde beim Lieferanten von Ansprechpartner zu Ansprechpartner weiterverbunden wird, ohne eine Lösung zu erhalten. Ein sehr guter Lieferant mit hoher Servicequalität kann auch in vielen anderen Punkten weiterhelfen. Wenn man z. B. regelmäßig Produkte bestellt und der Lieferant erkennt, dass es in naher Zukunft zu Lieferengpässen kommen kann, legt er sich für gute Kunden schon einmal solche Produkte auf Lager.

Anbieterüberschuss

In vielen Unternehmen gilt die Vorgabe, mindestens drei Angebote einzuholen. Diese Regel ist auch sinnvoll, allerdings sollte umgekehrt auch eine Höchstzahl an Angeboten festgelegt werden, um die Analyse zeitlich überschaubar zu halten. Die Höchstgrenze von fünf Angeboten hat sich in der Praxis bewährt.

Das Gleiche gilt auch für die Bestellphase. Es gibt zum Beispiel Unternehmen, die bei drei und mehr Anbietern ihr Büromaterial bestellen. Das macht selten Sinn, weil dadurch die Einkaufskosten kaum reduziert werden, aber die dadurch entstehenden Personalkosten überdurchschnittlich hoch sind. Vielmehr sollten die Bestellmengen gebündelt und auf einen Anbieter beschränkt werden. Wenn man zu viele Anbieter hat, steigt zudem der Abstimmungsbedarf überproportional an und die Rahmenbedingungen (z. B. Lieferkosten) verschlechtern sich.

Den Zeitaufwand für Gespräche mit Lieferanten sollte man ebenfalls begrenzen. Eine Möglichkeit besteht etwa darin, einen bestimmten Tag festzulegen, an dem man mit Anbietern spricht, und seine Sekretärin anzuweisen, solche nur an diesen Tagen durchzustellen. Natürlich kann man hier noch zwischen bestehenden Anbietern und Neuanfragen unterscheiden oder diese Regel aufweichen, wenn gerade dringender Bedarf an neuen Angeboten besteht.

Einkaufsgemeinschaften

Gerade bei Produkten und Dienstleistungen, die zahlreiche Unternehmen (meist branchenübergreifend) benötigen, kann eine Bündelung der Einkaufsmacht im Rahmen einer Einkaufskooperation sinnvoll sein. Allerdings muss man diese Vorteile mit den Bedingungen vergleichen, die viele Einkaufsgemeinschaften stellen. Typisch sind eine Jahresgebühr und eine Abnahmeverpflichtung. Achten Sie daher darauf, dass der Vorteil, den Ihnen eine Einkaufsgemeinschaft bietet, nicht wieder durch die damit verbundenen Kosten und Verpflichtungen zunichte gemacht wird. Insbesondere Abnahmeverpflichtungen und verbunden damit der Verlust von Flexibilität in der Beschaffung sehen wir kritisch. Hinzu kommt, dass ursprünglich von einer Einkaufsgemeinschaft ausgehandelte Konditionen nicht langfristig attraktiv sein müssen. Wurden die Verträge an Mindestabnahmemengen gebunden, die von der Einkaufsgemeinschaft nicht erfüllt werden können, verschlechtern sich normalerweise die Konditionen. Deshalb sollte man sich in den meisten Fällen nicht langfristig binden, sondern regelmäßig überdenken, ob eine Mitgliedschaft noch Sinn macht.

Ausschreibungen

Viele Unternehmen, an denen zum Beispiel die öffentliche Hand beteiligt ist, entscheiden sich häufig für Ausschreibungen, um allen internen und gesetzlichen Bestimmungen gerecht zu werden bzw. sich abzusichern. In vielen Fällen ist dieses Vorgehen leider nicht sinnvoll, da die Beratungs- und Prozesskosten durch solch ein Vorgehen überdurchschnittlich ansteigen. Zudem kann es passieren, dass sehr gute und geeignete Anbieter nicht an solchen Ausschreibungen teilnehmen, da ihnen der Aufwand im Verhältnis zur Wahrscheinlichkeit, den Auftrag zu erhalten, zu hoch erscheint. Häufig handelt es sich aber hierbei um Anbieter, die die Prozesskosten in der Beschaffungsphase deutlich senken können.

Ein weiteres Problem ist, dass bei Ausschreibungen fast ausschließlich über den Preis entschieden wird, was langfristig zulasten von Qualität und Service geht oder über eine Mischkalkulation ausgeglichen wird. Die Ausschreibungssieger verdienen ihr Geld dann eben mit Leistungen, die nicht Bestandteil der Ausschreibungen waren, die sie aber trotzdem benötigen und dort zu überhöhten Preisen bestellen.

Trotzdem kann eine Ausschreibung sehr sinnvoll sein, um einen Marktspiegel zu erhalten, Verhandlungsspielraum mit seinem Bestandsanbieter zu gewinnen oder generell bessere Preise zu erzielen. Voraussetzung dafür ist aber eine gezielte Vorbereitung, die den Ist-Zustand und den Bedarf im Unternehmen sauber erfasst. Eine gute Markt- und Anbieterkenntnis hilft zudem, eine Vorauswahl der geeigneten Ausschreibungsteilnehmer zu treffen.

E-Procurement

Die Studie „Elektronische Beschaffung 2013"[1] der Universität Würzburg zeigt eine steigende Akzeptanz für E-Procurement-Lösungen im Mittelstand an und kommt zu dem Schluss, dass E-Procurement-Systeme sich durchsetzen. Allerdings ist die Nutzungsintensität der Systeme noch eher gering.

Was aber ist der Grund dafür, dass E-Procurement-Lösungen zwar inzwischen auch beim Mittelstand eingesetzt werden, aber die Mitarbeiter sie nur in sehr begrenztem Umfang einsetzen? Unserer Erfahrung nach liegt ein wichtiger Hinderungsgrund in innerbetrieblichen Widerständen durch Mitarbeiter. Gerade, wenn die Systeme von der Geschäftsleitung „angeordnet" werden, die Mitarbeiter aber

---

[1] Quelle: http://www.bme.de/fileadmin/bilder/PDF/Elektronische_Beschaffung_2013.pdf (Zugriffsdatum: 01.03.2015).

keine nachhaltige Schulung und Vermittlung der Systeme erhalten haben, bleibt die Akzeptanz und damit die Umsetzung gering.

Hinzu kommt, dass die eingesetzten Lösungen oft auf dem Papier gut klingen, in der operativen Anwendung für das Unternehmen aber zu komplex sind oder nicht richtig dimensioniert wurden. Der Erfolg eines E-Procurement-Systems hängt damit wesentlich vom richtigen Zuschnitt und der allgemein vermittelten und akzeptierten Einführung ins Unternehmen ab.

Professionelle Kostenoptimierung 14

Sie haben dieses Buch bis hierher gelesen und sich ein tieferes Verständnis dafür erworben, wie Einkaufsoptimierung funktioniert und welche Faktoren es zu beachten gilt. Damit werden Sie in der Lage sein, Ihre Kosten in einem guten Umfang zu senken und dafür zu sorgen, dass diese dauerhaft auf einem ordentlichen Niveau bleiben.

In diesem Kapitel möchte ich Ihnen nun aufzeigen, welche Vorteile es hat, für die Kostenoptimierung mit einem professionellen Unternehmen zusammenzuarbeiten. Das kann ausgewählte Bereiche betreffen, die Sie nicht selbst optimieren wollen, oder einfach aus dem Wunsch resultieren, das Maximum aus einer Optimierung herauszuholen. Idealerweise können Sie mit dem Beratungsunternehmen eine erfolgsabhängige Vergütung vereinbaren und damit das übliche Beratungsrisiko ausschalten.

Merkmale guter Kostenoptimierer

Grundlage für einen guten Kostenoptimierer ist es, für jeden Kostenbereich Top-Experten mit tiefen Kenntnissen und guten Kontakten in die jeweilige Branche haben. Dadurch besteht in vielen Kostenbereichen oft ein Zugriff auf erstklassige Rahmenverträge, die für Ihr Unternehmen genutzt werden können und wodurch bereits überdurchschnittliche Einsparungen erzielt werden können.

Ideal ist es, wenn zu diesen fachlichen Kompetenzen und Kontakten Verhandlungsexperten im Team hinzukommen, die entsprechend kommunikativ ausgebildet sind und viele Jahre Erfahrung in der professionellen Einkaufsverhandlung mitbringen. Neben diesen Faktoren genügt es oft schon, dass ein Unternehmen nicht selbst die Kosten verhandelt, sondern einen externen Optimierer damit beauftragt, um bei den Lieferanten ein anderes Bewusstsein zu schaffen.

Arbeitsweise guter Kostenoptimierer

Eine vernünftige Kostenoptimierung braucht ein sicheres Fundament auf der sie steht. Deshalb ist der erste Schritt eine Bestandsaufnahme, die den Status Quo ermittelt. Dazu sieht sich der Optimierer Ihre Verträge und Rechnungen im jeweiligen Kostenbereich an hält fest, was für Sie in Sachen Qualität und Leistung wichtig ist.

Bevor die eigentliche Optimierungsphase beginnt, sollten Sie einen Zwischenbericht erhalten, der Ihnen den Spiegel vorhält und den Status Quo definiert. Diesen Zwischenbericht sollte der Optimierer mit Ihnen durchgehen, präziseren und korrigieren. Erst wenn der Zwischenbericht inkl. der weichen Faktoren als Basis für Sie stimmig ist, sollte die eigentliche Optimierung beginnen.

Im nächsten Schritt sollte der Optimierer auf Basis einer sicheren Bedarfsanforderung mit Ihren bestehenden und potenziellen Lieferanten in Kontakt treten und diese zur Angebotsabgabe auffordern. Die in der angesetzten Frist eingegangenen Angebote werden dann üblicherweise bewertet und Ihnen vorgestellt, so dass Sie eine Vorauswahl treffen können. Mit den dann verbliebenen Anbietern wird anschließend die aktive Verhandlung geführt. Häufig wird dem bestehenden Anbieter die Möglichkeit eines so genannten Last-Call-Angebots eingeräumt, bevor die Entscheidung fällt.

Nachdem alle Angebote final ausverhandelt sind, treffen Sie mit Unterstützung des Optimierers Ihre Entscheidung. Dann kann entweder ein verbesserter Vertrag mit Ihrem bestehenden Anbieter in

Kraft treten oder ein Anbieterwechsel anstehen. Sollte ein Wechsel angesagt sein, so ist es entscheidend, dass der Optimierer Sie auch bei der Umsetzung des Wechsels unterstützt.

Optimierungsschritte im Überblick

1. Erfassung des Ist-Zustands und Grobanalyse, ob sich eine Optimierung lohnt. Eine gute Kenntnis des Marktes ist dazu erforderlich.
2. Erhebung der aktuellen Situation mit operativen Anforderungen.
3. Vorlage des Zwischenberichts.
4. Konzeptionelle Ausrichtung: Was hat der Kunde? Was braucht er wirklich? Was lässt sich in den operativen Prozessen optimieren?
5. Ausschreibung und Bewertung der Ausschreibung.
6. Dienstleisterintegrationsgespräche, evtl. mit Testphase.
7. Auftragsvergabe und Umsetzung.
8. Überprüfung von Qualitätsmerkmalen.

Wesentliche Qualitätsmerkmale

Kostenoptimierer ist kein geschützter Begriff und nicht jedes Unternehmen, das Ihnen eine Beratung anbietet, arbeitet auch optimal in ihrem Sinn. Daher sollten sie besonders die folgenden Qualitätsmerkmale für die Zusammenarbeit mit einem Kostenoptimierer berücksichtigen:

- **Unabhängigkeit:** Der Optimierer sollte als unabhängiger Dienstleister ausschließlich für Ihr Unternehmen arbeiten und keinerlei Vergütung von Anbieterseite erhalten. So können Sie sicher sein, die bestmöglichen Lösungen mit hohem Nutzen zu bekommen.
- **Erfolgsbezogene Vergütung:** Ein guter Optimierer ist in der Lage, nachhaltige Ersparnisse bei gleicher oder besserer Qualität für seine Kunden zu erreichen und kann es sich daher erlauben,

auf Erfolgsbasis zu arbeiten. Sie haben durch die Beauftragung kein finanzielles Risiko, sondern bezahlen als Honorar nur einen Anteil der erzielten Ersparnis nach Projektabschluss.

- **Effizientes Arbeiten:** Ein guter Optimierer achtet darauf, möglichst wenig an Aufwand und Umstellungen für Ihr Unternehmen zu produzieren. Er wird Ihnen daher nicht aus eigenem Gewinnstreben um jeden Preis einen Wechsel zu einem neuen Anbieter empfehlen, wenn ein Großteil der Ersparnis auch beim bestehenden Anbieter realisierbar ist. Top-Berater mit langjähriger Erfahrung und tiefer Branchenkenntnis können Sie häufig in bestehende Großkundenverträge aufnehmen und so Ihre Kosten stark reduzieren, ohne dass Sie den Anbieter wechseln müssen. Voraussetzung dafür ist natürlich, dass Sie mit ihrem bestehenden Anbieter zufrieden sind.
- **Komplette Projektbegleitung:** Ein guter Kostenoptimierer begleitet Sie während des kompletten Optimierungsprozesses ist als zuverlässiger Partner an Ihrer Seite, bis das Projekt abgeschlossen ist und alles in Ihrem Sinn funktioniert.

Wenn Sie sich für eine professionelle Kostenoptimierung interessieren, stehen wir Ihnen gerne für weitere Auskünfte zur Verfügung.

Sachverzeichnis

Symbols
1.BImSchV, 60

A
Abfall, 69
    zur Beseitigung, 70
    zur Verwertung, 70
Abfallwirtschaft, Ziele, 70
Abrechnung
    geschlossene, 106
    offene, 106
AFA-Satz, 107
Allotments, 47
Anbieterüberschuss, 125
Angebotsbeschaffung, 123
Angebotsvergleiche, kontinuierliche, 14
Anlagen-Contracting, 61
Anlagenwirkungsgrad (stationär), 60
Ausschreibung, 126
Außenwirkung des Unternehmens, 117
AVV (Abfallverzeichnis-Verordnung), 70

B
Backbone, 26
Bandbreite, 26
Best-Practice, 84
Betreiberkonzept, 85
Bewachung, 78
Bilanzoptimierung, 116
Blister (Blase), 47
Blockheizkraftwerk (BHKW), 60
Bluetooth, 26
Bodenbeschichtung, 85
Brennwertfeuerstätte, 60
Budgetierung, 99
Büromaterial, 93

C
CAFM-System (Computer-Aided-Facility-Management-System), 85
Cloud-Computing, 27
Consolidation, 47
Cross-Border Leasing, 107

D
Datenleitungen, 24
Dealbreaker, 117
Dehnfolie, 48
Dienstwagenordnung, 107
DIN 32736, 85
Duales System, 47

E

eANV (Elektronisches Abfallnachweisverfahren, 70
EDGE (Enhanced Data Rates for GSM Evolution), 27
EEG (Erneuerbare Energien Gesetz), 60
Eigenleistungstiefe, 85
Einkaufsgemeinschaft, 126
Eisspeicher, 61
Emissionshandel, 61
Energieeinsparverordnung, 86
Energieliefer-Contracting, 61
Energieoptimierung, 49
EnEV2007, 86
Entsorgung, Dienstleister, 65
Entsorgungskosten, 63
E-Procurement, 99, 127
Ergebnisorientierte Reinigung, 86
Europäischer Wirtschaftsdienst (Euwid), 48
Expressdienstleistung, 37

F

Facility-Management, 73, 86
  kaufmännisches, 74
  technisches, 74, 81
Fefco, 47
Festnetz, 18
Festpreisvereinbarung, 12
Feuerstätte, 61
Feuerungstechnischer Wirkungsgrad, 61
Finanzleasing, 107
Firmenversicherung, 109
Fixed Mobile Convergence (FMC), 27
Fixed Mobile Integration (FMI), 21
Flächenmanagement, 87

Flatrate, 28
Fleetmanagement, 100
Formulareinlagerung, 100
Fuhrpark, 103
Full Container Load (FCL), 46

G

Gaseinkauf, 52
Gebäudemanagement, 74
GEFMA, 87
Genehmigungsverfahren, 100
Geschlossene Abrechnung, 106
GPRS (General Packet Radio Service), 28
Grundreinigung, 87
GSM (Global System for Mobile Communication), 28
Gutschriftenverfahren, 100

H

HASPA (High Speed Downlink Packet Access), 28
Heizkosten, 55
HLSK, 87
House Airway Bill (HAWB), 47

I

IFMA, 87
Immobilie, Lebenszyklus, 88
Instandhaltung, 88
International Air Transport Association (IATA), 47
Internet, mobiles, 29
IP-Telefonie (Internet-Protokoll-Telefonie), 30

J

Jahresnutzungsgrad, 61

Sachverzeichnis

K
Kalkulationsdatei, 88
KANBAN-System, 100
Kartonage, 44
Konditionen, Optimierung, 5, 11
Kontrolldienst, 88
Kostenoptimierer, Qualitätsmerkmale, 131
Kostenoptimierung, professionelle, 129
Kostenstellenabrechnung, 100
Kostenstellenbelieferung, 100
Kraftliner, 47
KrWG (Kreislaufwirtschaftsgesetz), 70
Kündigungsfrist, 13
Kurierdienstleistung, 37
KWK-Anlagen, 62

L
Lademeter (LDM), 46
Lagerhaltung, 13
Leasingvertrag, 106
Lebenszyklus, Immobilie, 88
Less Container Load (LCL), 46
Lieferantenmanagement, 116
Lieferzeit, 13
Logistikoptimierung, 33
LTE (Long Term Evolution), 28
Luftfracht, 42

M
Mengenrabatt, 11
Mobilfunk, 20
Monatsrechnung, 101
MSR, 88

N
Normkartons, 48
Notruf- und Serviceleitstelle, 88

O
Objektleiter, 89
Offene Abrechnung, 106
Outsourcing, 8

P
Paketdienstleistung, 37
Pareto-Prinzip, 7
PBS -Flatrate, 101
Pensionsrückstellungen, 117
Photovoltaik, 62
Postversand, 34
Preiserhöhung, nachträgliche, 14
Prozesskosten, 124
   Optimierung, 6
Prozessoptimierung, 97

Q
Qualitätsmanagement, 89

R
Rahmenkonditionen, 11
Raumbuch, 89
Reinigung, ergebnisorientierte, 86
Reinigungsdienstleistung, 75
Reinräume, 89
Risiko
   existenzbedrohendes, 110
   existenzzerstörendes, 109
Roaming, 29
Routing Order, 46

S
Seefracht, 41
Sicherheitsdatenblatt, 89
SLVS-Verbotskunde, 46
Straßentransport, 39
Streifendienst, 88
Stretchfolie, 48
Stromkosten, 50

T
TASi (Technische Anleitung Siedlungsabfall), 70
Telekommunikation, 17
To-Desk-Belieferung, 101
Twenty-foot-Equivalent Unit (TEU), 46

U
UMTS (Universal Mobile Telecommunications System), 29
USV-Anlage, 90

V
VDE, 90
VDSL (Very High Speed Digital Subscriber Line), 29
Verpackung, 44
Versandkosten, 13
Verzichtskunde, 46
VoIP (Voice over IP), 30
Vorkommissionierte Pakete, 101
Vorkontierte Rechnungen, 101
VPN (Virtuelles Privates Netzwerk), 30

W
Wachschutz, 78
Wärmepumpe, 62
WLAN (Wireless Local Area Network), 30

Z
Zahlungsbedingungen, 12

The manufacturer's authorised representative in the EU is Springer Nature Customer Service Centre GmbH, Europaplatz 3, 69115 Heidelberg, Germany. If you have any concerns regarding our products, please contact ProductSafety@springernature.com

Printed and bound by CPI Group (UK) Ltd, Croydon, CR0 4YY
23/03/2026
02076461-0007